世界の信託昔話

―キケロ・モア・空海―

永田俊一
NAGATA Shunichi

文芸社

目次

第一部

吾輩は紙魚ロボットである

第一章　吾輩の棲家は信託博物館である

吾輩は紙魚《しみ》ロボットである、名前はまだない。取りついた時はインターネット・AI時代が偶然に生み出したバグのような奇形児然としていたらしい。誕生や来歴は改めて申し上げるが、旅路の果てにここ信託博物館に棲んでいる。今は見た目も体長三ミリの、古来書籍等に巣食う虫のロボット版である。誰も吾輩がここにいるとは思っていない、ひいてはその存在すら知る者はいないはずである。

一、信託博物館

まずは吾輩の今の棲家を紹介しておこう。

当博物館も、「特定の分野に対して価値のある事物、学術資料などを購入・寄託・寄贈といった手段で収集、保存し、それらを来訪者に展示の形で開示している施設」で、英語風に言えばミュージアムである。要するに、信託の歴史資料館で、方形のフロアに、壁側を主として説明や展示が施され、道から扉を入ってすぐ脇の受付から右回りに一周する風景は、お客様にご紹介するなら、こんな具合である。

〔1〕ガイダンスシアター

受付の脇にあります。お座りになり、信託の予備知識や信託の仕組みや中世英国のユースに始まる信託の歴史概説の動画説明を三分ほどご覧ください。

〔2〕信託の萌芽

次に、すぐ左手新丸ビル側の壁、三つの縦長パネルへとお進みください。最初のパネルでは、委託者―受託者―受益者からなる信頼の三角形が信託の仕組みを説明しています。そして信託的手法の萌芽と言えるエピソード、すなわち海外では古くは古代エジプトやハムラビ法典、そしてローマの信託遺贈、我が国では空海が寄付田の収益等で運営した総合大学綜芸種智院《しゅげいしゅちいん》や朝廷の経済的困窮対策に織田信長が使った手法など、二つのパネルが続きます。

〔3〕信託の歴史ゾーン

右に折れて奥正面の壁には横長のパネルが左から三つ並んでいます。

a　信託の源流

その一つ目が、向かって左側、現在の信託の基礎が形作られた中世のイギリス、十字軍に旅立つ兵士が残された家族のために信頼できる人に自分の土地を託していくような場面で使われ出したユースからトラストへの歴史を描いた「信託の源流」です。

b　信託の発展

二つ目は、アメリカに渡った信託が法人受託者の登場で様々な商取引に活用され、産業の発達に伴い企業の社債発行や資金調達にも活用され、さらにその後、現在広く使われている投資信託や、年金信託の仕組みも登場し、急速に普及発展していく歴史を描いた「信託の発展」です。

c　日本の信託

三つ目は、明治時代に日本にも渡ってきた信託、大正十一年（一九二二）には信託法・信託業法が制定され、その後、信託銀行を中心に大きく発展した歴史とそれを担ってきた各社の歩みをご紹介する「日本の信託」です。

(4)「託される人に求められるもの」「信託の原点へ」

パネルの最後は、信託・信認を担う者に不可欠なフィデューシャリーの考え方を、二枚のパネルとフィデューシャリー研究の第一人者タマール・フランケル教授のビデオメッセージでご説明します。

(5) 映画や文学に登場する信託

目を中央部に転じていただくと、まず映画や文学に登場する信託として「ヴェニスの商人」や「レインマン」を紹介するボックスがあります。

(6) フィデューシャリーの形成

その裏側のボックスでは、受託者の忠実義務や注意義務といったフィデューシャリーの法理を形成した英米の歴史的な判例を採り上げ解説しています。

(7) ベアトリクス・ポターと湖水地方のナショナル・トラスト(*)

自然・環境保護のために設立された公益信託に当たるナショナル・トラストに、ピーターラビットの作者ベアトリクス・ポターも彼女の暮らした湖水地方に保有した広大な資産を遺贈しました。そのボックスが隣です。

(8) ふれ合いコーナー〈ピーターラビットの世界を実感体験〉

ここでは、ピーターラビットと仲間達、そして彼等が暮らす故郷を背景に、記念撮影ができ、絵葉書としてお持ち帰りになれます。

(9) 企画展の開催〈年二回〉

なお、ふれ合いコーナー前のスペースでは企画展を年二回開いています。過去の企画展の内容を全回分ご覧になれるようアーカイブコーナーを設置しております。これまで「投資信託の魅力展」「ピーターラビットと信託」「こんなところに信託が」「遺言と信託」「信託への架け橋」「世界の信託あれこれ」「信託と文学」などの企画展を行いました。

＊付属資料室の御利用＊

日本工業倶楽部会館の五階にあります。（博物館は一階）

所蔵図書として国内外の信託に関する書籍や文献を約六千冊所蔵しています。資料室入口のインターホンを押してください。受付で開錠いたします。

【吾輩の註釈】

＊信託の一口歴史

おいおい詳しい話をしていくが、この初めの段階で、信託の歴史のざっとした流れを、博物館に置いてある本から引用して説明しておこう。

信託の仕組みは信頼の三角形。信じて託し任せる人が委託者、託され任される人が受託者、その約束の成果を益する人を受益者といいます。そして信託とは委託者が受託者に自分の財産を託し、受託者が重い責任義務を背負って、受益者のために、一定の目的に従って、その信託財産を管理または処分及びその目的達成に必要な行為をするものです。おなじみの投資信託、遺言代用信託等、あらゆる信託商品をこの仕組み・法理が支えているのです。

歴史を辿ると、古くは紀元前二〜一世紀のローマで信託遺贈の制度があったと文献にはあります。愛する者に財産が引き継がれるよう、信頼する者に後事を託すものです。ポエニ戦役時、モラル強化や奢侈抑制を狙い制定されたウォコニウス法は、女性を相続人に認めませんでした。信託遺贈は自然法的立場からの批判を容れて、女性でも間接的に遺産を受け継げるようにしたものです。愛する者にその財産を引き渡す条件付きで、信頼する者に財産を形式的に渡し後事を託するものであります。モンテスキューも『法の精神』で、人情や時代の流れに反する悪法は回避策等が考えられいずれ廃される例として紹介しています。

その後の中世ゲルマン法の下では、相続人不在の場合、一旦遺産を第三者（ザルマン）に移した後に、ザルマンが指定された者に引き渡す仕組みが出来ました。

それがノルマン・コンクェスト後のイギリスで、長子相続を前提とする封建的負担から逃れるため、一切財産保有を認めぬ戒律を持つ教団に家や土地を提供する自治都市に譲渡して託すとか、十字軍や国内を二分して争ったバラ戦争など戦役に伴う寡婦への遺贈のためなどから発展し、遺産の承継や財産の分配や管理・処理を通じて社会的法理ユースとして、十三世紀半ば以降大いに発展します。さらに普通法裁判所と並んで衡平法裁判所で信託の衡平性が判断されるようになり、トラストとして確立・普及してゆくこととなりました。

これがアメリカに渡ったわけですが、十九世紀になると法人の受託者が出現し、南北戦後からの経済の急速な発展の中で信託会社が増加、大陸横断鉄道等社会的巨大事業の遂行に伴う投資事業資金のニーズの高まりを背景にヨーロッパ等から巨額の資金調達が行われ、営業信託が成長しました。

そして維新後の日本に伝わるところとなりました。明治時代の後半から信託業務が根付き始め、二十世紀に入り信託二法（信託法・信託業法）に結実します（大正十一年）。なお歴史的には九世紀初め、空海が貴族の邸宅・田畑の寄付で庶民の子弟にも門戸を開放して創立した、儒教・道教・仏教・諸科学に及ぶ完全給費制の総合大学綜芸種智院はもとより、古くから多くの信託類似（公益信託的なものが多い）のものが記録に残っています。

（『新版 信託のすすめ』（文芸春秋）永田俊一）

＊ナショナル・トラスト

ピーターラビットの話は世界的にも人気で有名なので見過ごされがちだが、なぜピーターラビットがこの信託博物館に展示されているのか、不思議に思う方もいるだろう。信託の目的には私益と並んで公益もあり、イギリスの環境保護を目的とした公益信託であるナショナル・トラストと関係が深いことが理由だが、その点少し説明しておこう。

一八九五年ナショナル・トラストが創設された。立ち上げたのは、弁護士のロバート・

ハンター、イギリスの代表的女性活動家のオクタヴィア・ヒル、それにハードウィック・ローンズリー牧師の三人。最初は会社法に基づく非営利法人として議会の勅許を得て設立されたが、その後一九〇七年のナショナル・トラスト法によって、取得した資産を譲渡不可と宣言する権限を付与されて、転売の恐れなく安心して資産を提供できるようになってから受け入れ資産が増え始め、一九三七年の改正では、ナショナル・トラストに資産を提供または譲渡しなくても、保存するという契約を結んだ者も相続税が減額されるようになって発展していった。

十九世紀後半は、産業革命による工業化の影響で、イギリスの国土環境悪化が著しかった。ロバート・ハンターは、もともと「入会地保存協会」の懸賞論文に応募したのがきっかけで同協会の顧問弁護士となり、囲い込みをしようとする地主との法廷闘争を展開して、住民達の入会地などを利用する権利を認めさせたが、やがて資金を集めて地主から土地を買い取り皆で利用するという方向に向かった。また、ヒル女史も劣悪な住環境の下で暮らす低賃金労働者のための住環境改善運動を行う中で、オープン・スペースを買い取ってしまおうという考えを持つようになり、これに湖水地方の保存を訴えていたローンズリー牧師が呼応し、ナショナル・トラストとして土地などを維持管理していく仕組みを立ち上げた。『ピーターラビット』の作者であるベアトリクス・ポター（Beatrix Potter）を両親ともどもナショナル・トラストへ引き込んだのもローンズリーである。彼の活動は、湖水地方の自然に対する公共の権利を認めさせながら、同時にその文学的・文化的価値を高めていくことで、社会の支持を獲得していったのである。結果として、この文学遺産の継承という目的も、ナショナル・トラストの思想的存在意義として取り込まれていくことになる。

そして父親のルパート・ポターはナショナル・トラストの第一号終身会員であり、ベアトリクスも湖水地方を舞台に人気絵本作家として活躍し、そこで保有した大いなる遺産（四三〇〇エーカーもの土地と十五の農場や建物）をナショナル・トラストに遺贈した。

ヴィクトリア朝を特徴づける中流階級から労働者階級へという福音主義に裏打ちされた階層的チャリティの形態が、自然環境保全という十九世紀後半の動きの中で、次第に全国民的なチャリティ活動へとなっていった過程が浮かび上がってくる。ローンズリーやヒルが掲げた「公衆」によって「共有」されるべき贈与財産としての自然環境というコンセプトは、社会的弱者へのチャリティから、庶民を含めた国民による、国民のための、国民的チャリティ運動へと変容していく。そこに「公共の権利」としての自然保全の倫理が浮かび上がってくる。

実は十七世紀、エリザベス一世が「公益ユース法」を制定した。時代と共に公益性の概念は変わるが、イギリスではチャリティという公（public）とも私（private）とも異なる、第三の民間による自発的な公益活動が展開され、その活動を通して、「公益」の内容が問われてきたといわれる。

このように、国民（ナショナル）のための公共スペースと歴史的建造物を保護するという活動趣旨に賛同する人を長い時間をかけて徐々に増やしていき、国からの協力も得て、保存対象の拡大が実現する。今では、全長七七五マイル（約一二四〇キロメートル）に及ぶ海岸線と二四・七万ヘクタールの土地と三五〇もの建物などを保有・管理する団体になっている。

二、信託博物館　館長

実は、この博物館紹介文は、館長御本人が雑誌等に搭載したものを使わせてもらっている。これも改めて述べるが、まだ紙魚ロボになる前の、一点に過ぎないシミとして、たまたま取りつき潜り込み、一命を取り留めたのが、信託研究家と自称している館長の額《ひたい》にある黒子《ほくろ》であった。

吾輩が知らぬ間に勝手に同居させてもらい、勝手に一心同体と化し、故あって紙魚ロボとしてそこから宇宙に飛び立った。その意味で館長は吾輩の御主人である。時あって、人間社会に害をもたらさぬ身であることが確認され、地上に舞い戻った時、必然的に一心同体である御主人の傍に着地した。

博物館は紙魚ロボにとって、どこにでも潜り込める天国のような棲家であり、御主人の館長が現れれば、いつでも密かに取りついて、その意を感受することができる。だから吾輩は勝手に「館長の影武者」と称している。

吾輩が宇宙で不具合を捨て去り得たものは、今述べた人間社会に害を及ぼさぬ心身であり、心はある意味信託の心になったということである。逆に得られなかったものは、身体の永遠性であり、これはもともと気が付いていたことであったが、当初ロボット制作者がなぜかそう作っていた体内時限時計はしっかりと維持されており、吾輩が影武者としてここを終《つい》の棲家と定めている因にもなっている。

そして宇宙で新たに得たものといえば、それまではほんの短いスパンの時空の旅でしかなかったものが、完全に自家薬籠中のものになったということである。そこでこの信託の歴史や精神の博物館の館長の意を勝手に受けて、時空を超えた自分の調査能力を発揮して、館長をサポートすることを生業《なりわい》として、当館に居候として棲まわせてもらっている次第である。

勝手に調べたことが、どうして館長に伝わるのか、その存在を知る者はいないと言っているくせに。誠にもっともな疑問である。これも改めて経緯は述べさせてもらうが、御主人の黒子に一点として同居している間に、吾輩が問わず語りと称している能力の開発・進化が進み、帰還後確認したところ、この機能も既に自家薬籠中のものとなっていたというわけである。

第二章　吾輩の生い立ち・来歴

　さて、吾輩、吾輩と連呼するが、そもそも吾輩とは何者なのか。御主人、御主人と館長を呼ぶが、そもそも吾輩と館長との関係はいかなるものか、というもっともな問いに答えねばなるまい。それが分からぬと話が見えてこない。話は四半世紀前に遡る。

一、紙魚ロボットであること

「吾輩は紙魚《しみ》ロボットである、名前はまだない。インターネット・AI時代が偶然に生み出したバグのような奇形児らしい」と四半世紀前、自分の誕生に気付いた時も、吾輩はそう言っていた。そして「奇跡的に棲家を見つけた、というより気付いたらもぐり込む場所の脇に吹き飛ばされていた。それが、この御主人の額の向かって中央右にある、小さくもなく大き過ぎもしない黒子《ほくろ》である」と付け加えていた。

　しかも、潜り込んでぴったり埋め込まれたから、いくら激しく頭を振られても、汗をかかれても、ごしごし洗われてもびくともしない。極小・極薄のICチップの開発現場のような所で起こった原因不明の爆発によって、完成間近の吾輩が思いもかけない能力を隠し持った人工紙魚として、遥か遠くの道を歩いていた御主人に取りついたというわけである。吾輩の存在に何の意識もない御主人と、自分の来し方行く末の全く分からない吾輩の共棲が始まった。もちろん事の顛末を語れるのは吾輩の方でしかない。

潜り込んだ当初は、真っ暗闇の、何の意識も感覚もない、ただそこにいる無機のゴミであったのだろう。どういうＤＮＡが仕掛けられていたのか知らないが、そのうち外の光を感じるようになり、やがて御主人が見る景色を見る視力を持つことになる。そしてカメラが写しだすように、視野に入ってくる映像を万遍なく同時・同列に見聞きし、やがて全てを記録として保存できるようになった。地球に紙魚のような生物が姿を現し、気の遠くなるような時空の中で人間が生まれ、インターネットを操るまでに発展する道行を、二～三年くらいの速さで駆け抜け成長するＤＮＡだったのだろう。

そして、ＡＩの発展進化に先駆けて、ビッグ・データの蓄積活用のディープ・ラーニングに向かい、御主人の頭脳の動きも読めるようになる。ただ自身は悠久ではないし、自分で動くことはできず、このままでは御主人と命運を共にせざるを得ないであろうという確信を持つようにもなった。しかし、必要が発明を産んだのか、もともと備わっていたのか分からないものの、微細で限定の能力ではあるが、吾輩と違って運動能力があり、普通の五感と通信能力を持つ、しかし短命のクローン紙魚ロボを生み出すことに成功した。吾輩をサテライトにして吾輩の指揮に従い出動する衛星のような存在だ。吾輩に名前がないから、もちろんそれらにも名前はない。ただ子紙魚ロボと称していた。

吾輩自身の誕生に気付いた直後、自分の同居する御主人がどんな人物かの一端に触れ、認識能力を実感したのは、通勤電車の中であった。

取りついてからどれだけ経っていたのかは分からないが、吹き飛んだ時点での状況、取りついてからの時間経過と諸々の環境作用によって、見て聞いて記憶できる機能状態になった時であろうかと思う。

まずカシャカシャという音が聞き取れ、これで目が覚めた。そして、「音を下げなさい」という御主人の声が聞こえた。言われた学生は気付かぬらしい。そこで一人おいて左隣の学生の肩に左手を伸ばし軽くトントンと叩いて、今度は少し声を上げて、「音が漏れてうるさいのだけれど」と言っている。すぐ左隣で身を押されながらも新聞を読んでいたスーツ姿の男性が、うるさそうに顔を御主人に向けてきた。御主人は、「君は迷惑でないのかね」と今度は彼に向かって言う。不満げに顔の向きを戻した彼に「そもそも満員電車でそんなに新聞を広げて読むのも、周りが困るのだがね」と返す。この間に、こそこそと学生の方はウォークマンの音を下げて知らんふりをしている。聞こえぬような声で、「謝りもせんで、根性が悪いなあ」とつぶやいたのが吾輩だけには聞こえた。隣の男性は明らかに不快気に新聞を鞄にしまって、また次の降車駅に近づいたこともあり、早目に人波をかき分け出口に向かいだした。

また御主人がつぶやく。「何も読むなとは言ってない。人に迷惑をかけず、折りたたんで読むやり方も知らんのかね。まだ知らんふりでも音を下げる方がましだ。拡げ読みしているから、ほら二人が前に出てこれた、その分の吊革スペースを占拠していたんだ。迷惑の自覚がないなあ」と。

言われたわけではないが、御主人の前に座っていた客達は心なしか居ずまいを正したように見えた。しかし一人、ずっと居眠りをしていて、だらしなく腰が前に出て足を投げ出しているいい歳の男がいた。電車が速度を変える度にもたれかかってくるその男の頭に、隣の女性が迷惑そうにしている。電車がブレーキをかけた時、御主人はよろけるようにして彼の足を蹴飛ばした。ピクッと彼は目を覚まして、何が起きたかと、前の御主人を睨んだ。すかさず御主人が「失礼」と声をかける。男は何だというような顔をして、また眼を瞑ろうとする。

その時を逃さず御主人は「足が長いんですね」とそのだらしなく伸ばした足を眺めた上、彼の顔を睨みつけた。ここまでされると流石に彼も気付いたのか、しっかりと腰を座席の背に付けて座り直し姿勢をただした。依然居眠りを続けるが、〝ヤジロベー〟はしなくなった。

　御主人は、その後朝食付きの勉強会に出席してからの出社だった。勉強会では先端の電気メーカーの会員が講師役になって、最近売り出した自動パン焼き機の話をした。自前のイースト菌と小麦粉を使って、ふっくら温かいパンが簡単に作れるというものであった。焼きたてはおいしさが違うし、自分で作れて家族も楽しい。会員の多くがそいつは面白い、買おう買おうと好評であった。ところが、御主人はこれに水を差すようなことを言った。「私も便利だと思って買ったんだ。失礼ながらよかれかしと敢えて申し上げると、便利は便利で温かいうちはまだいいが、冷めたら味がかなり落ちて、楽しみは長続きしなかった。やはり本物の味を出すにはもう一工夫いるのではないか」と。これに対し、そこは流石、講師役の説明者、「なるほど、いい御意見を聞かせていただいた。ロングラン製品になるよう、現場に改善を求めることにしたい」とそつなく受け答えた。

　それはそれで御主人も、「そうお願いしたい、朝のパンは一日の気分を左右するものだ。パリでもおいしいバケットにありつくまで近所のパン屋を渉り歩いたものだから」と返した。ところが一呼吸おいて、「これもお願いだが、電気製品といえばウォークマンなんかを聴くイヤホンのことだが、何とか音漏れのない、音の自動調節ができるものにならないものかね。何しろ公徳意識のない若者が多くて自分で調節なんかしようともしない。そうなると製造者責任に属すことではないかと思うのだが、迷惑かけないよう工夫してもらいたいものだ」と付け加えた。

説明者は困ったなという顔付きをして、「それは私の部署のものではないんだが……」と言いかけたところを、別の会員が引き取るように口を挟んだ。

「そういえば君は、もぐら叩きのように車内で注意しているんだってね。最近はいろんな連中がいるから気を付けないと、刺されたりしかねないよ。迷惑は迷惑なんだが怪我でもしたら何にもならないぞ」と脅かすように言った。

御主人は、またかという顔で、「でも、放置したらどうなるか。叱る大人がいなくなったから、自分勝手な行動がまかり通るようになったんじゃないだろうか。私は経験を積んできたので人物をよく見て善し悪しの見分けもつくようになった」と応える。別の会員が、「そうは言っても危ないぞ。注意するのは電鉄会社に任せておけば」と横槍を入れる。御主人がまた答える。

「電鉄会社もやってないわけではないが、例えば、あの地下鉄のマナーポスターだけでは見もしないし効きもしない。シルバーシートに座った若者が仮面をかぶり、前に立ったお婆さんが『正体見たり、オトボケ仮面』と言っている風刺漫画調のものと、ヘッドホンとリュック姿のラクダに向かって、ヤギが『君はラクダが、僕はメェーわく』と言っているこれも漫画調のものだ。傑作だとは思う他方で、もう漫画調やオトボケ調でなく、メェーわくうける方も仮面を脱いで、真顔で世直しにかからないと、すでに手遅れになっている家庭や学校の再建がますます手の届かぬ遠いものになってしまう。面白ければ何でもやるたぐいの笑いに紛らわせないで、真剣になって〝あるべき〟を説く時なのではないかと思っている。電鉄会社は本気で叱る気がないんだよ」

また別の会員が口を挟んだ。

「それは仕方がないよ。何せ乗客はお客様なんだから、利用して乗ってくれて運賃を払ってもらって経営が成り立っている。強圧的に出れば、客を失うことになる」

御主人はそちらの声に向かって反論する。

「客と売り手の関係であるから、その要素は否定しない。しかし、普通のお店と違って公共的であり、儲けだけではない。鉄道法で縛られており、運賃も公共料金とされているし、安全基準も設けられている。そして器物損壊や運行妨害、傷害などはもちろん迷惑行為として禁じられている。この場合、マナーは動く函社会における社会人として迷惑や顰蹙《ひんしゅく》を買う行為を律するものだから、各電鉄会社で、実情に合わせて常識的に守るべき規範を掲げて注意することはもちろん、実効あらしめる措置を取ることに遠慮は要らないと思う」

自動パン焼機の説明者の姿が見えないと思っていたら、大きな袋を担いで、丁度このタイミングで戻ってきて、皆に向かって口上を述べた。

「ちょっと失礼したが、本日はスタッフに同道願って、自動パン焼機で焼きたてのパンを皆に食べてもらおうと思った。今到着したので、一口ずつ食べてもらって、時間も来たのでこの辺でお開きにしたい」と閉会を宣言した。小規模有志の会だから、当番制で講師も司会も兼ねているのだ。

出席者はめいめいに礼を言いながら退出していくが、御主人も礼の言葉を口にした。「この焼きたての柔らかなホカホカのパン、おいしいですねえ、ありがとう。材料の適度なバランスが守られているからこその味ですね。お客様は神様と、その意のまま砂糖を入れてもダメ、膨らし粉を見境もなく入れたら当世のようにバブル崩壊。易きにつき節度を疎かにすれば元も子もない。パンにも苦りや塩も入っている所以《ゆえん》です」と。まだ判断未熟の私にも、こだわる御主人が分かった。苦りとは何か分からなかったが、後に御主人の示す苦虫とも関係して理解した。

二、吾輩のエネルギー源は太陽光

これが御主人の車内注意活動に吾輩が付き合った最初の日であった。その後しばらく続けて、同様の車内場面の映像と音声の記録を繰り返すことができて、急速に吾輩の認識能力も高まった。しかし、大半をなす御主人の職場における出来事については、あまりに複雑多様で記録に認識が追い付かず、今から映像と音声記録を解釈し直すには膨大な作業が必要なのでそのままにしてある。

そして、車内の映像はある日突然、それまでとは打って変わった景色になった。家の中も仕事場も登場人物も乗り物も一変してしまった。東京から随分離れているようだし、家族もいなくなった。汽車には乗ったが、電車には乗らなくなった。普段の移動は車で専属の運転手さんが付いている。ちょっと時間がかかると田園風景の中を走っていることが多かった。東京には飛行機に乗って年に二回ほど、ある会議のために往復するだけで、奥さんもその間を縫って年に二、三回御主人の所にやってくる。うち一回は二人の子供を連れて夏休みに半月ほど滞在する。涼しいから来るようだ。そこが札幌という北海道の中心の大都市であることは分かった。ことごとく大造りの街で緑も多い。御主人の通勤は行き帰りとも駅とは関係なく、事務所もごく近くにある。存外規則的に早く帰って自分で料理して一人で食べていた。あとはテレビでニュースかなんか見て、読書か書き物をしていることが多い。単身赴任らしいことも分かった。

出張と称して、泊まりがけで広大な道内を行き来することが多く、車の窓越しに新鮮な陽の光に映える山川草木、花鳥風月を見て楽しむような機会が増えると、バックミラーに映る御主人の顔も日を追うにつれ生気を増していくことが分かった。そして陽の光は吾輩にとって大恩恵をもたらした。体内のエネルギーが急速に満ちて、単に映像を記憶に留めるだけでなく、次第に自分が感じたり考えたり、記憶の蓄積の中で判断できるよう機能アップしている実感が日増しに強まっていくことで、吾輩の成長エネルギー源が太陽光であるとの確信にいたった。

人間社会の暦や時間の刻みにも完全同期するようになり、ここでの生活が二年間であったことも分かった。そして、御主人の思いを吾輩の頭の中に描く能力もついていき、吾輩自身も面白い紙魚ロボ人生が始まったように感じた。ただ自力で移動はできないので、より面白そうな人に取りつくようなことは叶わなかった。

三、御主人のこと、時代変化のこと

今から思うと、御主人が行う、問題意識を持つ・認識し感情を持つ・自からを客観的に見つめる・その上で行動を起こす・結果を反省する・次に備え考える、という対応プロセスから学ぶことが、吾輩のＡＩ能力アップを大いに助けた。認識の区分や幅や深さを進化させることができた。

逆にＡＩの処理スピードやきめ細かさが勝るようになると、人間の能力との差が出てくるＡＩでは思考に連続性があり理解可能なものが、人間では認識の切断が起こって、ある時は熟慮断行と映り、ある時は優柔不断と映る、といったことも分かるようになった。

御主人が育ってきた環境や、その思索や価値観を形成した道筋や社会の在りようの変化、それを理解することもまた、ＡＩの能力成長のために必要であった。御主人が周りの人や多くの人前で語る話や、逆に御主人について誰かが語っている話を聞くことで識字能力がつく。さらに御主人の読むものを共に読んで、その実像の理解を深めた。

その意味で吾輩の成長の中心的役割を果たしたのは車内マナー絡みの会話であったが、それを通じて、吾輩が生まれる前に遡って御主人について認識したことを述べておこう。

翻って、車内風景の原点である電車で御主人が通学するようになるのは、昭和三十年代半ば、高等学校に入学してからのこと。三十一年（一九五六）経済白書が、「もはや戦後にあらず」と宣言、その後所得倍増計画にも乗って、いわゆる高度成長真っ盛りの時期であった。豊かな社会を目指して膨らみ活気づく都市、就職列車の到着が東京一極集中を強め、満員電車の常態化も東京名物となった。

通勤通学のすし詰め満員列車に人々の毎日があった。ホームには押し屋さん達がいた。ミンチを羊の腸に次から次へ詰め、パンパンになると口をちょっとつまんで縛るソーセージの様《さま》よろしく、ギュウギュウに押し込んだ背中とドアを支えた手を絶妙の間合いで放すと、電車はもう満員に復元したホームの客の前を滑り出していく。車内では身動きもとれず扇風機が回る程度だから、夏は蒸し風呂、そこには通常の礼節を行うこととは程遠い世界があった。ただ逆説的には、やれることが少ない中、何を守ればよいかについてのコンセンサスはあった。

手の届く者が窓を開ける、吊り革や鉄棒につかまった人がつっかえ棒の役目をする、子供や女性のように力の弱い者に配慮する、降りる時には大きな声を出す、急ブレーキなどの揺れで阿鼻叫喚を作りださないように上手に運転することなどが、暗黙の了解としてあった。車掌さんの車内放送も、こうした戦場下であるから緊迫感があり、言葉も短く適切で一体感があった。ラッシュアワーでなくても、お年寄りや赤ん坊を抱えたお母さんに席を譲ったり、声を掛けたりしていた。学生の集団が騒いでいれば引率の先生が注意するなど、迷惑行為は許さぬ雰囲気があった。超満員ラッシュは当面耐えざるを得ないが、いつか恒産恒心の日がやってきて、電車の中の立ち居振る舞いも、成熟した大人の世界を楽しむことができるとの期待もあった。


その後社会は豊かになった。安定成長の時代になって一億総中産階級意識を持ち、格差も縮まった。確かに地下鉄路線が縦横に走り便利になったり、冷房完備で車両もあかぬけたスタイルになったり、機能の面からは格段の向上を見た。ラッシュは依然としてあるが、あの昔の超満員電車ほど苦痛ではなくなった。

ところが、残念ながら電車の中に成熟した大人の世界を見ることはできない。雑誌などでも、不愉快になる代表的場所として通勤電車を挙げていることに、病の深さが示されている。恒産恒心で衣食足りて礼節を知るたぐいのマナーはもちろんだが、貧しい時も富める時も守られるべきマナーが、豊かな時代になって守られなくなっているとすれば、これは個人から社会にわたって再考が必要だろう。朝晩地下鉄に乗るだけで、ここが良くならない限り日本が良くなるはずがないと、ますます確信を深める御主人の日々であった。ここはまさに社会の縮図、修身斉家も壊れているのに、老人に席を譲れといっても無駄なことなのではないか。御主人はもう少し突き詰めて、次のような思いに至った。

自分は、他に座るべき人がいなくなるまで座ってはいけない、座っていた時にそういう人が乗ってくれば譲らなければいけない、自分がされて嫌だと思うことやみっともないこと、迷惑になることはやってはいけない、と躾けられていた。自分の子供たちにもそう教育した。中学生の時、東京から札幌の友人の御両親の実家へ遊びに行った時のこと、夜行急行列車に乗るため早くから列に並んで座席を確保したが、混んでいて座れなかったお年寄りに席を譲って、自分達は床に新聞を敷いて仮眠したこともあった。自律と他人ファーストが身に付いた。

昔は、譲られれば「ありがとう」、譲る時は「どうぞ」、ぶつかれば「ごめんなさい」、そう言われれば「どういたしまして」、降りる時あけてもらうには「降ります」と前もって叫び、降りる人も続いて降りたし、乗る人は並んで待って降りる人が終わってから順番に乗った。邪魔にならぬよう荷物は棚に上げたし、上げられない人を手伝ってあげた。別の人にも声を出して「荷物を下ろしてくれませんか」と頼むことができた。会話の成り立つところに無礼など蔓延しないはずだ。

「パルドン（失礼）」「ジュヴザンプリ（どういたしまして）」「メルシー（ありがとう）」、パリっ子の行き交いで、爽やかに口をつく言葉。それだけで車内など公共空間は円滑化するはず。今の日本ではその言葉すら口に出ない。出迎えた守衛さん達の「ボンジュール（こんにちは）」の、その挨拶に応えようともしない。スマホに心奪われ周りを見ない、聞かない、気配りがない。皆が最低限のエチケット（礼儀）が示せる反射能力を身につけるだけでも大変わりするはずだ。

また、汚い地べたに座って人の邪魔をするようなこともなかったし、荷物を下に置いて場所を塞いだり、リュックやバッグを背負ったまま傍若無人にぶつけまくることもなかった。家に来たお客さんの前での所作振る舞いに無頓着な人はいないように、飲み食い、人前での化粧・髭そり、居眠りをして人にもたれかかったり、崩し膝、汚れ衣服のままでの乗車、ペチャクチャ大声でのおしゃべりなどなど、恥ずかしいこと、みっともないこと、嫌がられることはやらなかった。人目憚らず歌ったり踊ったり騒いだりすることが恥ずかしいことだ、迷惑なことだと認識していれば、携帯電話で話したり、当世流行りのヘッドホンから大きな音を響かせたりするような無礼は生まれるはずがない。

赤ん坊を泣くままに放置することもなかったし、子供が土足のままの足を他の客に向けていたり、走り回っていたり、自分に夢中で勝手気ままに行動する子を注意しない親や引率者などいなかった。お年寄りを差し置いて子供を先に座らせたりすることもあるくらいである。そもそも、なぜ赤ん坊がむずかるか、日頃の観察が不足で面倒なことはやらず、勝手にさせ躾けも叱りもせず、おはようの挨拶さえ交わさぬ家庭、そして保育園・幼稚園・学校。さらには、あまりに大組織化・大都市化・多様化した中で他人行儀化してしまった大人達。そして甘やかされて育ち、自分ファーストで我慢を知らない世代人口の増加拡大、車内は健全な社会紐帯崩壊の噴出口になっているのではないか。

乗ってみた東京に唯一残る路面電車。早稲田から三ノ輪橋へ下町情緒と共に走っている。乗降客の入れ代わりが頻繁で、お年寄りの姿が目立つ。現代の都市生活で忘れられつつある「向こう三軒両隣」や「隣のミヨちゃん」や「井戸端会議」の雰囲気が残っているのか、世代を越えた人の会話も聞こえてくるし、若者や子供がお年寄りに席を譲る姿も爽やかである。乗客を構成している人々の暮らす家や街や伝統が、社会の縮図である車内に反映されていることが確認できて力が湧く。まだ時間がある。

そして、御主人の注意活動が始まったのだった。

ところで戦後日本は、復興・高度成長・国際経済化と安定成長・バブル崩壊とデフレ経済化という経済的変化に注目して語られることが多い。しかし御主人の思いの中では、それを担っている人々、そして広く社会の在り様の問題意識が強く、端的に言えば、戦後目指した民主主義が人々にも国家社会にも真に血肉となり、日本の美点も交え国際的にも敬意をもって迎え入れられるものとなって来たのだろうかと絶えず省みているところがある。この車中の人々の振る舞いは、本人、家族、学校、地域、世代、社会の在り様とどう繋がっているのかの思いに至る。ゆえに、ここもその実現の場ではないかという思いになる。

そうした御主人の原点は、幼い小学生の頃、教室で聞いた憲法の話にある。先述の御主人の書いた本の一節に次のような文章があった。

小学生の私は黒板に白墨で書かれた「信託」の二文字を凝視していた。その前で担任の先生が熱弁をふるっている。子供達に新憲法の内容が理解できるはずもない。でもみんなの好きな先生がこんなに目を輝かせて、その前文を私たちになんとかわかるようにと一所懸命話しかけてくれている。

わからないけど、一所懸命聴こうという子供達の気持が、教室の空気を張り詰めたものにしていた。蝉の声が遠くに止まってしまって、夏の暑さがどこかへ引っ越したかのようだった。

「そもそも国政は、国民の厳粛な信託によるものであって、その権威は国民に由来し、その権力は国民の代表者がこれを行使し、その福利は国民がこれを享受する。これは人類普遍の原理であり、この憲法は、かかる原理に基づくものである」と、先生の朗読が教室に響く。

今にして思えば、先生は国民が選挙で国政を委託し、選ばれた議員がこれを受託し、得られた福利は国民が享受することを、この信じて託す「信託」というキーワードを使って懸命に説明しようとしていたのだろう。

「信じる」ことは子供ながらにも分かるが、「託すこと」は分からない。たしか「託児所」というように、預けることだ、と理解したように記憶している。あとはもう雰囲気しか覚えていないが、戦地を経験した先生には、憲法で保障された民主主義がこれからほんとうに根づいてもらいたい、との思いがあふれていたに違いない。

食べるものには不自由したが、精神状態としては、教育の現場にもそんな希望がふくらんでいた世相であったように思う。

今振り返ると、実に新鮮である。憲法前文で「国民の厳粛な信託」といわれ、「人類普遍の原理」といわれて、この信託という言葉には、子供まで惹きつける新鮮さがあった。

日本では政治にこの言葉が正面から使われた時、既に経済では信託業務が定着していたわけだが、経済が戦後成長発展し世界も羨む水準に迄成熟した後、減速・停滞・崩壊と長い下り坂に入り、未だ抜け出せず歴史的・一体的な社会変革の求められているこの時期に、八十年ぶり（書いた当時）に信託法・信託業法の改正が行われたことは、それ以上の意味を感じさせる。

それは、半世紀前、新鮮な驚きで受け止められた政治における（国民の厳粛な）「信託」の概念がどれだけ定着したか、魂の入った真の民主主義がワークし、真にこの危機を乗り切り、良き社会への合意形成に役立つかが問われているのではないか。

ここに国会の開会式で毎回、両院議長の式辞と天皇陛下の「おことば」、それぞれの結びに「信託」という言葉が使われている事実がある。

すなわち式辞では、

「……ここに、開会式にあたり、われわれに課せられた重大な使命にかんがみ、日本国憲法の精神を体し、おのおの最善をつくしてその任務を遂行し、もって国民の信託にこたえようとするものであります」

そして「おことば」では、

「……ここに、国会が、国権の最高機関として、当面する内外の諸問題に対処するにあたり、その使命を十分果たし、国民の信託にこたえることを切に希望します」

といった具合である。

御主人は、信託が単に金融商品としてだけではなく、社会の仕組みとして、法理として存在するとの認識を持つことが大事だと言っている。それが民主主義の話とも、一人ひとりの身の処し方やマナーとも密接に繋がることを強調している。車内マナーについても、こんなことを書いている。

いつか恒産恒心の日がやってきて、電車の中の立ち居振る舞いも成熟した大人の世界を楽しむことができるとの期待もあった。

夢の広がりの方はレジャーが代弁者の一つであった。小田急線のロマンスカーに新たに3000形（Super Express、略してSE車）が登場したのは、昭和三十二年（一九五七）。超流線型の車体、オレンジレッドとシルバーグレーに白線をあしらった斬新なデザイン、高度成長の夢を乗せてスピードを上げる特急列車、最高時速百四十五キロ（特急つばめで九十五キロ）と、まさに「戦後は終わった」といわれた新時代の幕開けを象徴していた。

この新型車両の出現に、車両信託が一役買った。借入金で購入すると金利圧力で経営に大きな影響が出るような、高価な車両だった。車両信託ではメーカーが新車両を信託銀行に委託し、信託銀行が電鉄会社に賃貸する形をとった。そして委託者の車両メーカーは、受益権を信託銀行の管理運営する年金ファンドなどに引き受けてもらって資金調達をする。

この方法は、当時アメリカで主に鉄道会社が車両購入に活用していた設備投資資金調達の方法（フィラデルフィア・プラン）を、デトロイト銀行総裁をつとめ、後にGHQの顧問になったJ・ドッジ（一八九〇〜一九六四）が提案してくれたものという。提案が実現するまでには時間はかかったものの、その具体化ともいえるのがロマンスカーの車両信託になる。

この成功を皮切りに、帝都高速度交通営団や、東急、京成など関東の私鉄を中心に、車両信託利用の機運が高まった。鉄道会社の債権者が信託財産とは知らずに差し押さえに来られては困るので、各車両に受託者が所有者であり、賃貸し人である旨を記載したプレートを付けておけば、第三者に対抗できる。満員の車内で端っこの壁に押し付けられながら、見るともなく読んだこの信託車両と表示されたプレートに、信じ合い援け合う絆社会がここにあると感じた。

ここに至って、私はずっとマナー教育・是正・修得のための信託車両を、と訴えている。もはや家庭でも学校でも地域でも教育は行われず、社会人の中でそもそもマナー意識やマナー自身や迷惑の概念や思い遣りを、持たない・知らない・考えられない・無視するといった人々が多くなり、注意の言葉すら知らない人が多勢になってしまっている。しかも世代間ではそのための共通言語をなくしつつあり、多様な人々が共に利用し円滑な乗車環境が求められる車両内は格好の、問題・対策先端空間となっている。もはや家庭・学校・地域といったレベルでは難しく、社会全体の立場でマナーや道徳・倫理教育の場を提供し、その不易流行の流行部分の現代化を皆で共有する必要がある。そのために、それを目的として国民の委託を受けて電鉄会社が受託者、乗客を受益者として、それに相応しい新型車両の導入も含めて、是非そこに信託による学びの場を実現させたいものである。

四、吾輩のパワーアップとスマホ全盛化

吾輩にパワーがつく前は、車内軽犯罪や汚す・壊すといった行為は司法・警察の犯罪抑止力で鎮静化、御主人の注意行動は、空き缶・残物放置、床座臥、ヘッドホンやイヤホンの音漏れ・携帯通話、などが中心であった。前三者は姿形がいけないことだと明白な意識もあるので注意の効果も結構上がり、吾輩の取りついた頃には下火になっていた。

携帯電話も通話だけの時は注意していたが、やがて携帯メールが普及し、これに合わせて電鉄会社の「通話はやめ、メール呼び出し音もマナーモードで」という注意が受け入れ

られるに及んで通話は下火になり、御主人が睨みつけると相手も気づくようになった。

吾輩が遭遇した事例で厄介だったのは、優先席付近での携帯電話の電源オフの件であった。当時説明されていたのは、ペースメーカー電子機器を携帯電波が狂わす恐れがあり命にかかわるからということであった。

優先席の背後の窓ガラスにも電源オフを呼びかける提示などがあり、御主人はその付近に立つ人や座るべきでないのに座ってメールしている人がいると、どうしてこれが見えないのかと注意を発した。「すみません」とか、「ペースメーカーを入れておられたのですか、どうぞお座りください」と言って立つのは男性で、女性はだまってスイッチを切る人はいい方で、そのまま無視する人さえいた。また、多くは止めてもうるさいオヤジだという顔つきをありありと見せ、少し車内にゆとりがあれば離れた場所に移動して、また続けていた。人のことを真に思いやって自制する心なぞ多くの若者には全くない、と御主人は心底では判断していた。

しかも電鉄側の不実な態度にもやがて気付き注意を発することになる。ノート型パソコンやスマートフォンが多く持ち込まれるようになった頃、優先席に座って前者を操作していた若者が注意をしても知らんふりで続けているので、さらに強く注意すると、「これは大丈夫なんです」と反撃に出た。「なぜ。ここに書いてあるようにメールで飛んでくる電波が悪さをするのではないのかね」と御主人が言うと、「電波が違うんです」と言う。機械音痴の御主人は苦虫をかみつぶしながらも、降車駅に着いてしまったので降りざるを得なくなった。しばらくして航空機で出張した際、精密機器に影響するので離陸後は使用しないでくださいとあるのに、隣席の男が盛んにやっている。トイレに立った折に客室乗務員に注意するように促して席に戻ったが、いつまで経っても来ない。後日航空会社に注意の電話をしたら、「今は影響ないモードにできるんです」と言う。「それならそうアナウンスしなければ。お宅の言うことに気遣って注意している客に不実ではないかね」と諭した。

案の定、電鉄会社の答えも同様であり、さらにはペースメーカーへの影響理論も最近は変わり、電源オフルールも実行上緩くなっているという。だが注意文言はそのままだ。御主人の苦虫をかむ思いが心頭に発したのはその頃でも想像できた。そうは言いつつも、御主人は時代や世代、生活環境の変化も認識しつつ、この注意活動についても改めて考えるようになっていた。

吾輩が様々なことに馴れて、格段に能力アップが進んだ時期は、スマホが広まり始めた頃で、御主人の注意活動の見直し期間にも重なっていた。

この時点で吾輩に起こったことで言っておかねばならぬことは、御主人の注意行動について、当時日本でも話題になってきていた「アンガー・マネジメント」理論に倣って、アンガー（怒り、御主人の場合は苦虫だが）という身体反応をベースに整理してみたことである。血流、体温、神経パルスなどの動きの微妙な程度差でアンガーのレベルや種類を判断する。まさにロボットらしき事態把握方法である。これらに変化が起こり始めると、まず、どの程度のレベルの怒りかが分かり、次にどの方向への怒りか、誰に対するどの種類の怒りかが見えてくる。そして、怒りのレベルが横ばいないし減少して注意行動に入るか否かの段階になる。

マナー背馳《はいち》にも、犯罪（注意を超える）から違反、迷惑から行儀悪さ、嫌悪から見苦しさ、各方向にもまた様々なレベルと種類がある。これらに対するにマナーについて御主人の理想とする（もっとも、これは自分もしている普通の当たり前のことと考えている節があるが、この時点では吾輩には、理想と常識の区別がまだちょっとつきにくいところがあった）ものから許容できるもの、どこでも許容できないものから車内で言っても仕方ないもの、と御主人側にも諸基準がある。そして、この相手側と御主人側の突き合わせで注意行動のレベルと種類が決まるのだが、注意経験や車内外の環境変化などを踏まえ、相手側の把握と御主人側の基準相互に変化もあり、注意するかどうか、どんな、どのくらいの注意をするかによっても、結果違いが出てくる。

これが瞬時に御主人の頭の中で決定されており、注意行動を始めた場合は、相手の反応、周りの状況を踏まえて次への進み方の違いが分類される。そしてどう終結するか、さらには一連の行動結果をどう感じ、どう評価し、どう蓄積するかの違いも、これら身体反応信号で判別できる。そして吾輩のこの分野のデータベースとして格納されていくことになる。

両々相俟ってある意味、アンガー・マネジメントの領域に入ったといえるだろうし、〝モグラ叩き〟も「無分別に」から「見極めつけて」に変わり、さらにはモグラ問題そのもののソリューションの方向性を考えてのことといえよう。おかげで本件の吾輩のデータ記録はストーリー性の強いものに進化していく。

実はこのプロセス進展には、御主人は気付いていないのだが、吾輩についた新たな能力が大いに貢献している面がある。もちろん気付かれたら、知らぬが仏の吾輩の紙魚暮らしも危殆に瀕するかもしれない。逆に気付かれぬから、本件で蓄えられる吾輩のデータ記録は、御主人と吾輩の間にあるリアルのデジタル読み（これは吾輩の方からの一方向だが）と双方の交信方法の革新を促し、注意活動の適切性を担保するものとして機能している。

具体的に言うと御主人は、「自分がされて迷惑と思うことを人前でしない。そして振舞いの常識的品格を失わない（顰蹙《ひんしゅく》をかうことはしない）」とその車内（社会）マナーを抽象的に訴えても、具体的行為にどう反映させて判断するかまで行かないと、万民に共有され守られるものにはならない。それにはやはり、「具体的行為とその背景実態を、事実によって何が問題でどうする必要があり、そしてそれをどう行えばいいのか」を問い、詰める必要があると、考え取り組み出した。根っこには、多様性が世代を超えた基本ルール共有の世界も巻き込んで、巻き直しを必要としているとの実感がある。

そして、そんな御主人の風向きに、吾輩の方にも技術革新があった。太陽光の原動力でロボ能力がぐんと高まると、クローンを作り、それに飛翔能力を付与することができた。いわば子紙魚ロボ一号である。相手に取りついて、その実態と考えを探る手段として使えることが分かった。早速御主人が問題視しながら観察し、どうしたらよいか考え込んでいる対象相手に対して、使い試してみた。

その相手のうち代表例を二つ三つ、個人情報保護に抵触せぬよう、御主人の頭の中だけの綽名を使って紹介してみよう。

(1) ネズミ男

出会いはこうである。

御主人が乗る車両に、三駅後の主要駅から件《くだん》の男が乗り込んで来るようになった。満員の牛詰めとは違うが、吊革立ち席は埋まり、中ほどの通路も少し余裕があるくらいになっているのが普通である。この男、降車客がダラダラと降りるのをすり抜けていつの間にか乗っている。

ダラダラとスマホを操作しながら降りるとか、揺れの激しいバス同様に止まってから奥の席を立ってノソノソと入り口まで移動を開始する輩が多い。さらには電車が止まって、しばし置いてからようやく気付き、人にぶつかろうが何しようが荷物を振り回して、「降ります」とか「すみません」とか一言も発せず脱兎のごとく顰蹙と痛みを振りまいて降りる輩が多い。このけしからん事態に加えて、乗る方も降りる波に逆らい、こじ開けるように乗ってくるから停滞の何乗にもなる。昨日も今日も「遅れてすみません」のアナウンスにうんざりである。そのお詫びのアナウンスのうち事故や客都合のことをはっきり言うのは一部に過ぎない。言わないのは、このマナー不心得によるものが主だからである。電鉄会社のダイヤに織り込まれた乗降時間を超えるのがしょっちゅうということで、そこで「すみません」の放送をしない日はないということに相成る。

こんな中、またこの男を見た。すり抜けの達人でもあるが、気付くといつの間にか、入れそうもない吊革人の間に体をすり入れている。隙はなくとも算術的には吊革の数は隣の幅員からみて、外向きに立って並ぶ人の数より多い。吊革を掴んできっかけを作れば体を寄せ入れられる理屈だが、実際には人の肩幅なり吊革間の幅ゆえに、人が立て込んでいれば難しい。常にそれができるのは芸術的範疇の技ではないか、とつい本題を忘れて感心したりもするが、そうした無言での行為が迷惑なのだと思わぬ感性には呆れるばかりである。パリの路端で入れそうもないぎりぎり駐車の車間に、幅寄せを繰り返しながら押し込んでいく縦列駐車の妙を思い出して、御主人は感嘆の声を無言で上げたくらいであるが、こちらは前後の車の主が傍にいたら有言でも憚られるだろう。

男の話に戻ると、車中が詰められていない、入口だけ超満員の馬鹿げた混雑からすれば歓迎なのだが、行き過ぎ無理筋の観がある。

しかも、腐臭に聡い動物のごとく、その前辺りの席が二、三駅行く間に必ず空く。そして、それが自分から多少遠くにあろうと身を挺し捩じらせて、すり抜けるように先に座ってしまうという名人技をも発揮する。横に子供や女性や年寄りがいようがお構いなしである。後々考えてみると、誰がどこで降りるのか網羅的な個別記憶があって、瞬時にその人がどこにいるかも判断し、さっとその前にすべり割り込んでくるということであろうと推測されるが、座る意識の皆無の御主人には全くない発想である。

座った彼をよくよく見ると、コートを着ていることが多い。オーバーやマフラーになる時節が人より早い。いつも白い大きなマスクを大仰にしている。体つきは意外に大きく背も高くがっちりしている。

しかし座れば鞄を膝の上に乗せており、これは床に置いたり背負ったりで迷惑かけるのに比べれば優等生である。姿勢もよく、コックリで体を前倒ししたり横に揺すって弥次郎兵衛をしたり、新聞を広げたり荷物を席に置いたり、足を広げて二人分席を取ったり、足を突き出したりしている不心得者に比べれば行儀がよい。ただ、すぐ瞑目してしまい取りつくしまがない。

これをもって、素早くチョロチョロと動き回り獲物を見つけたら抱え込んで食に集中、愛嬌がありそうで害をなすネズミに見立てたわけである。マスクが大きく顔の全体像は分からないが、頭部は尖がった丸坊主に近い頭で、小さな二つの目がキョロキョロしているので、体は大きいが、御主人はネズミ男の綽名を奉ったようである。


さて、これは御主人のマナースタンダードに抵触するのかどうか。この頃の御主人は慎重になってきている。この男ある意味本来模範を示すべき大人としてあまりにもこすからく自分勝手ではある。周りに不快感を与え、順番破りをし、困っている人への配慮に欠ける、昔なら村八分である。しかし、現代の大都会の知らぬ者同士のマンモス社会で、そう断定するのは難しそうだ。

だが、ホームに線引きして列を指定し整列乗車をと言っているのに、並ばない、並んでも間をあけたり、支線を作ったりして列を乱す、横から割り込む、脇に並ばずどこからかやってきて降車中を中央突破して乗り込む者までいる。こういったことが心ある普通の人のアンガーとして蓄積されていることは事実であろう。顰蹙とルール違反の狭間にあることのような行為は数多くあり、溜まり溜まると人々のイライラを高め、何かの折に爆発しないとも限らない。

ここで吾輩は子紙魚ロボを飛ばした。まだ子紙魚ロボとの交信がどの距離まで可能か、またどのくらいの距離なら帰還できるかはっきりしなかったが、同じ車両内なら行って帰って来られることは確認し交信もできていた。そこでネズミ男が乗ってきた時に飛ばして付着させ（落ちないよう皮膚上に。月面に着陸、定点観測基盤に滑り込むように所作するのは吾輩自身の遺伝子になっている）、翌日また乗ってきた時に帰還させることにした。そしてこの丸一日の画像と音声解析が入手できた。吾輩の方へコピーもできた。まだ安定画像とは言えないものではあったが、何とか判断材料として堪え得るものではあった。

分かったことは、朝は、御主人の降車駅からまだ随分先の終点まで乗って行く。勤め先は駅から五分ほど歩いた大手企業の工場であった。機械工の監督総括を務めている。機械が動く前に皆を集めて指示や連絡をした後は、モニターの置かれたオフィスで机に向かって座って事務を執りながら、問題があれば現場に出向いて行く。マスクは依然掛けたままであり、その日も二度薬の服用があったことから見て、何か気管支系の重い疾患をもっているらしい。

昼になると交代要員をおいて、食堂と思しき所に皆集まって昼食を取るが、二種程度の定食から食券を示して選んで各自が席に運んでくる。しかし、多くは弁当持参であって、それらの人々が思い思いに席を取って、ある意味口数も少なく機械的に食を口に運んでいるという観である。彼も弁当であった。前を通りかかった部下の「今日はだし巻卵ですか」との短い問いに、「いつまで経っても上手く作れなくてね」と答えていたので、彼自身の手作りと判断した。この時は流石にマスクを外したので、向かいのガラスに映った顔を見ると、愛嬌とまでは言い過ぎのようだが、柔和な部類の顔つきであった。

工場の退社時刻は一斉で遅くなかった。帰りは終点からだから電車は座れる。家に帰ると三人の子供が飛び出してきた。女・男・女で上が高校生、下が小学生のようであった。連れ合いの姿はなかった。しばらくして子供たちと夕食の用意をし出した。弁当を自分で作るくらいだから手慣れた感じで、長女が学校帰りにでも食材を買ってくるのか、二人を中心に下の子らにも手伝わせて仕上げていく。見ると台所の壁のボードには風呂を沸かす日などと一緒に一週間の献立なるものが書き込まれている。

その日の出来事やら明日の予定や授業で分からなかったことやら、各自が賑やかに話しながら食事が終わり、皆で後片付けすると、残った宿題などをそのテーブルでやる子、居間でテレビを見る子とそれぞれで、九時頃までには子供部屋に戻った。その後本人は何か調べ物をしたり、新聞を読んだり、薬を飲んだりして、最後に辺りを点検の上消灯し、自室に入った。まず隅にある仏壇の前に座って位牌に何か語りかける様子があり、その後いかにも疲れた体を横たえるようにベッドに入った。仏壇には位牌の横に写真が置いてあり、それは亡妻のもので若い写真であった。また夫妻の両親らしき写真もあり、夫人より以前に撮影されたように見える。しかもそれら写真は、田舎家風の景色をバックに撮られている。ふと気付くと、脇の机上には夫妻の若い頃と見られる写真が置いてあり、二人はしっかりした登山姿で山頂に立っている。

朝は朝で早く起きて、子供達が起きて登校の用意をしている間にパン食の朝ごはんを作り並べ、弁当作りになると上の女の子が手伝っている。昨晩もそうだが、やはり疲れやすいのか、普通より作業はゆっくりの感じで、だから早めに起きているのだろう。

点を繋いで推定してみると、奥さんが二十代後半で亡くなっており、下の子が今小学校五〜六年生だから、十年余りやもめ暮らしで、子供三人を育ててきたと思われる。今は上の子が食事も作れるようになり、家事は皆手伝えるし、三人で一緒に出かけることも、勉強の援け合いもできる。逆に遡って考えれば、奥さんが亡くなってすぐの頃は、赤ん坊から小学校に入ったばかりの子供達を抱えて途方に暮れたことだろう。一人で子育てや家事にいかばかりの奮闘をしたことか。もともとは体力・健康に恵まれていたのだろうから何とかやってこれたのだろう。しかし今、この年齢にもかかわらず、これだけ服用薬が必要ということは、途中で余程の疾患に襲われたのだろう。彼の外見などとも考え併せると、気管支系の疾患で、無理をすると息切れするなど影響がすぐ出るし、マスクはその弱い気管支を外の菌から守るものであり、人に迷惑をかけぬものでもあり、子供達の前でもそうしていることと考えられる。

するとと、マスクをかけ、早く座る場所を見つけて瞑目してひたすら休んで通うことが望ましいのではないか。むしろ優先席の定義の本質に遡れば、本来彼のような者こそ、そこで救われるべきなのかもしれない。何しろ優先席がこの時間帯はもちろん、指定された優先者のため顧みられることさえ常時稀なのだから、彼にとっては夢のまた夢である。若い男も女もスマホに気を取られてぐずぐずしていて中々降りないし、乗る方は降りるのを待たず脱兎のごとく席に突進するし、席がなければ入口付近に立ち止まり、後ろから乗ってくる人には見向きもしないし、周りに気配りして席を譲ったりするのは考えの外であるし、自分だけ良ければ人は構わないというどこかの大統領みたいな輩がほとんどである。結果満員と称される走り出した電車内を外から見ると、上げ底ならぬ中空のことが多い。

こうなると、ネズミ男などと指弾するのではなく、逆に御主人が吊革立ち席を譲ってやるとか（何もこそこそしないように）、座れるよううまく移動してやるとかしてやるということかもしれない。前後の電車で空いた車両を探してやることなら子紙魚ロボにもできそうだ。

さて、この事実をどう御主人に伝えるかが問題である。吾輩のＡＩ能力の高度化で、御主人の脳波や脳神経の動き、そして呼吸や五感などの身体状況から、御主人の意識状況はほとんど把握できるようになってきている。問題はこちらのデバイスに蓄積された電子情報をどのように伝えればよいかである。

将来これを光や色に変えて直接発信していく能力が得られるかもしれない。現に御主人の寝ている時に分からないように試みているが、まだ成功しない。また、スマホのような仲介媒体を利用して電子信号を映像化する、という途も考えられ、これは既にある程度手応えがある。しかし、これらは仮に成功したとしても、御主人に吾輩の存在を疑わせることになり、吾輩自身の命に関わる危険がある。さらに御主人の知らないうちに投影したり、他人のスマホに映像化するとなれば、不審現象や社会的違法として追及されることになろう。

そこであれこれ研究した結果、御主人の見る夢に働きかけができないかと考えた。御主人の懸案事項ゆえ関連した夢を見ることもあろう。身体は寝ているが脳は起きているレム睡眠中に夢を見やすいと言われており、そのチャンスの把握はできるので、夢の映像と脳の波動や脳神経の関係を詳細に分析して、その働きかけの仕組みを作り出した。そして関連の夢を見出した時に、ネズミ男の映像を蓄積保存した電子データから夢映像に反映できる神経波動に転換して、御主人の夢に入り込ませた。

最初は映像量や鮮明度や構成が不十分だったが、関心を持ち意識が強まる効果はあったので、夢に見ることも二回から三回となり、かなりの情報量となった。

例えばマスク映像、マスク名らしきものまで見えるに及んで、実際に電車に乗って瞑目中の彼をしげしげと見定めて、これが重度の気管支系の患者が使用するものだと分かったらしい。また同僚の男らしき者と一緒にネズミ男の降りる時、その同僚の服に会社名を見付け、工場はその会社の工場と分かり、そして何と当企業の役員が知人であることに気付き、ネズミ男の実態を把握するに及んだ。観察・想像・夢の映像・事実確認作業が、渾然一体となって、御自身の観察推定が実態をついている確率の高さに、本件に限らず自信を持つようになった。

本件について言えば、やがて御主人は乗って来る彼に隙間をあけ譲るようになり、電車実態も調べた後、ある日御主人が彼に「何両目が空いていて、何駅になればかなり大量に降りる。また一本前の電車は空き具合が随分違いますから、そう慌てて席取りをしなくてもいいですよ」と彼に囁いた。以来同じ車両で彼の姿は見なくなった。

(2) 無自覚居眠り職人

この男、御主人が乗る時には既に乗っていて眠ってしまっている。洒落た着こなしであるが、荷物などからも飯場風であり、この時間に多い都心に工事に出かける人々と同じ方向へ向かっているようだが、異色の観がある。体力的にもしっかりしているようだが、乗車マナーの観点からすると、大きく足を広げ、席を少なくとも一・五倍はとっている。しかし姿勢はしっかりしているので周りにもたれかかるわけでもなく、寝てしまっているので手のつけようがない。起きていれば注意するのだがうまくいかない。いわば能天気な通行人のようなものだ。しかし、同じ仕事に就いていそうな多くの人々もこの時間乗っており、皆疲れて瞑目している人が多いが、姿勢や荷物の扱いなどは総じてよい。工事現場の規律は危険との隣り合わせということもあって厳しいものがあろうから、それが身に付いているのではないか。多くが作業服で、色変わりはしているが洗濯されたこざっぱりしたものを着て例のモンペの裾のラッパ状のようなとび職ニッカポッカをはいている。この男、これら諸先輩を見て注意も受けているのではないかと推察するのだが、どうも効いている気配はない。諸先輩も手本になっていないのではないか、また躾をそこまではなされていないのではないかと疑われるところである。

御主人が観察を深め知恵を絞り始めた。どこから乗るのか、持ち物や着物に何かヒントはないか。鞄が少しずれて作業ズボンの腰の辺りが見えた時、小さく＊＊建設の縫い付けがあった。沿線の駅名でもあるので、これを検索するとその沿線の駅の町に、昔からの地元の建設会社があるのが分かった。さらに社長の名前から当人の検索をすると、息子が一人いることが分かった。年恰好からこの男ではないかと目星をつけた。それなりに地元町に根を張って業績を上げているようだ。父親の社長は地元では社会的活動で貢献も大きな人物のようである。

さてここからが、吾輩の飛ばした子紙魚ロボの情報である。この男はこの春大学を卒業、父親の社業を継ぐべく入社、そして夏前から自社が下請けの仕事も請け負う大手ゼネコンの現場に見習いに出され、この電車で通う毎日になっている。厳しく鍛えてもらうべく父親は頼んでいる。それは技能の点ではもちろんだが、将来現場の人々を使える度量をもである。何せ自由放任わがままなまま育てたので、今さら子供の躾もできない（社長はそうした代表的世代である）。

確かに家での行儀は悪く横柄で、部屋も散らかり雑然としている。社会に出て波に洗われれば行儀もよくなるだろうと期待しているが、親としてはもう注意の時宜を逸して、親の背中も見ない子に育っていた。

これでは社会が何とかしてやらねばならないだろう。今躾を担っているのは大手ゼネコンの現場監督に違いない。彼に車内マナーも然りである旨を教えてやれるだろうし、家での振る舞いもよくなるのではないか。現場監督を見ると、厳しいが人をよく見た上で指導している。この男も心服しているようである。何かうまい接点が見つかればと思う。監督がどこから通っているのか、同じ方向であることが分かり、一つ前の電車に乗っていることが判明した。

男の行動は、映像データに蓄積されているのだから、この映像データを現場監督の目に触れさせれば、何らかの対応策を取ってくれるだろう。問題は、どうやって監督に見せるのか。子紙魚ロボがその方法を探った。この男に取りついた子紙魚ロボが現場で監督に乗り移ったが、吾輩は車内で一緒なわけではないので夢戦略は使えない。しかし御主人のスマホではなく、監督のスマホに発信者不明で映像が送られてくるとすれば、監督は危険だと思って、見ないで削除する可能性もある。そこは出たとこ勝負として、隣人より現場へ直訴という形をとってみた。監督は送信されたものを開いて映像を見た。寝ているので鮮明には分からないが、どうも自分の所に来ている彼らしい。責任感のある監督は、確かめるべく眠り男の乗る車両を聞いておいて、ある日突然乗車してきた。御主人の横に立つと、御主人に目配せをし、「知り合いですので立たせますから、空いた席に私とご一緒によろしく」、「後でよく注意しておきますので」と囁いた上、眠り男を叩き起こした。不意を突かれて眠い目をこすりつつ見上げた男は、前に立っているのが監督と知ると吃驚仰天、さっと席を立った。監督は御主人を誘い二人で座った。御主人も現場監督も痩せているので二人とも収まった。流石にその場で大声をたててはやらない。現場に着いてから、そこでみっちり教育されるだろう。

自分でも夢戦略で推定を固めていた御主人は、同方向の監督がたまたま乗り合わせてうまくいったと喜んだ。紙魚ロボが絡んだとはつゆ知らず。気付くところではなかった。その後、この男は他の仲間同様行儀よく座って寝ている。

〔3〕眠りの守《も》りのサラリーウーマン

女性の乗車マナーについては、別途女性自身による独自のマナー教本も作って論じられるべき、と御主人は考えている。例えば、女性のおしゃべりは総じて甲高く長く切れ目がない。ヘッドフォンの漏れる音を騒音として注意するのと同列ではないか。また、再三触れている弥次郎兵衛はやはり女性特有で激しく振れ、周りの迷惑は明らかである。公式統計としても平均身長は一〇センチは違うし、筋力・耐久力も違うから、網棚、吊革、立ち位置、持ち物などについても難易度が男性とは違う。日々一緒に乗車しているが、同じことをやるのにも男女の肉体的差は厳然と存在し、歩くスピードの差だったり、手の届く範囲だったり、耐久力の差だったり、様々な考慮事項がある。それも踏まえて、女性の立場から社会人としての女性のあるべきマナーの形を歴史上初めて女性が書く女大学といったものにまとめてみてはどうかということである。

もちろん、それは平均値であるので男も平均値以下があるように、女も平均値以上がある。それ故、従来のマナー常識との調整・総合化も必要である。因みに、座らぬ主義の御主人なんぞ最近は二重の配慮をして立っている。すなわち、前の席が空いた時、横の女性に譲ると時折結構ですとか嫌そうに無視されるケースが出てきたので、脇へ避ける準備もした上で構えている。結果、若い男がどこからか素早く滑り込んだり、女性は譲られるのは嫌だが空いたなら座るとばかり、無言で座っているのを振り返ってみてびっくりすることさえある。

ところで、ここでの話は男女平等とか認識の違いなどというものとは別の人間本来の共通マナーという感覚である。従って同じ車両の客として同じ立場で見たらどうか、そこは女性特有のものでも、一般常識の観点から是正されるべきものという範疇でのことと考えられる。

さて、この女性である。いつも定席（ドア横）に座り、いつも黒系統の服で、ずっと寝ている。サラリーウーマンであるのは疑いない。本人は、起きていればちゃんとしているという仮説が正しいなら、顰蹙とまでは言えないかもしれないが、無意識睡眠による行儀の悪さはある。

しかし、弥次郎兵衛は縦型に近く、もたれるものがある端の席を選んで座っているなら多少意識もしているだろう。それはそれで文句を言うまでのことはないし、それなりに着こなし身だしなみもきちんとしている。本人が眠っていて自己制御ができないために行儀の悪さが出ているわけで、単に眠っている人間がそこにいるのだと思えば特別なこともない。

御主人は、車内のマナーの悪さイコール、もともとの私的公的生活での悪さの表れというテーゼの普遍性を確かめる上でも、彼女の生活がどんなものか知りたいという気持ちになった。起きている普通の生活のマナーが気になる例に入るか否かとして。しかも彼女が一度、いつも降りる駅で慌てて降りる時に、前にいた御主人の足をヒールでいささか踏んづけたのに、何も言わず飛び降りていったところから、その気持ちが強まった。

子紙魚ロボを飛ばした。案に相違して、女性の降車後の行き先は女子高校であった。英語の先生で生徒からの人気も結構高いようだった。担任する生徒への生活指導も丁寧で作法についてもしっかり指導していた。下校ぎりぎりまで忙しく働いている。ではなぜ眠っての出勤か。

女性の帰宅時、最寄駅を降りて駅周りの商店街を過ぎると、まだ緑の残る閑静な住宅地が広がっており、古くからの住まいであることが一目で分かった。途中で立ち寄った施設から一緒になった母親と思われる老齢の女性を乗せた車椅子と共にその自宅の門をくぐった。鍵を開けて入るとシンとした家に明かりが灯る。母親を自室に運び、身繕いを手伝ってやり、ベッド横のソファに腰掛けさせ、ポストからの書類などを前の机上に置き、薬の袋とコップの水をおき、一言二言話す。そして厨房に向かい、先に火にかけたりするものをセットした上、自室に行き着替えて戻ってくる。かなりの手際で二人分の夕食を作る。熟年の女性が次第に老老介護に進んでいく初期段階なのかと拝察した。

それから深夜にかけて母親の世話と家事を片付け、母親が就寝すると、残りの家事と学校から持ち帰ったものを片付けて就寝する。見ていると随分疲労が溜まっていることがひしひしと分かる。しかも、あっという間に夜が明け、早朝から起きて朝餉の支度や母親を連れて出る用意などをしてから、二人で食卓に向かう。その後大急ぎで片付けをし、あたふたと車椅子を押して、昨晩の途を逆に辿り、途中施設に母親をお願いし、駅に足早に向かう。駅始発の電車に乗り、例の席に座り込む。その途端に睡魔が襲う。という毎日が続くようである。

五十歳ぐらいだろうから、老々介護にもまだ時間がありそうだと思っていると、休日には、彼女の家に一組の若夫婦が赤ん坊を連れてやってきた。驚いたことに、夫の方が母さんといっているし、妻がお母様と言っているから息子夫婦なのだろう。車いすの母親も一緒になって陽だまりのリビングで赤ん坊を囲んで団欒の時を過ごしている。そのうちに若い妻が持ってきた袋を抱えて厨房に向かう。やがて「お昼の用意ができましたよ」という声に、皆ダイニングの部屋に移動する。テーブルには軽い洋風のランチが並べられており、赤ん坊を椅子に座らせ食べさせつつ、皆で談笑しながらの食事が始まる。「おっぱいが終わってミルクになって、随分楽になりました」と若妻が言う。「それでもこんなに作ってきてもらって申し訳ないわね」と彼女が言う。「母さんもお疲れだから、お休みぐらいは多少でもと思って」と息子が言う。「私がこんなになってしまってね」と車椅子のその母が言う。でも皆微笑んでいる。ほんのりする昼下がりであった。「お父さんも孫の顔が見たかったでしょうね」と庭の紅葉した木々を眺めながら、ふと彼女の口から洩れた。

息子夫婦が帰った後の宵のダイニングテーブルには、いつものような手作りの料理が並んでいたが、翌日も日曜日で休日のせいか（週置きに学校が土曜休日のため）、ワイングラスが並べられ、息子夫婦が置いていった海外出張で土産に買い帰ったフレンチ食材が添えられていた。二人の談話の中に、驚いたことに小笠原流の話や今どきの女学生のマナーの話もあった。その中に何と、足を踏んづけて謝りそこなった話が添えられていた（発車間際に慌てて降りて、頭を下げたが気づかれなかったのではないかとも言っていた。御主人の顔も知らないままだろう）。

さてはて、これでは何もすることはない。小笠原流の行儀作法で淑やかな女性でも流石に昏睡の状況では家元の声も届かないだろうし、年齢的なこともあり、目を瞑るなと言っても無理であろう。

御主人には、磨いてきた映像手法で事実を悟らせるとして、御本人が無意識の自分を認識できれば、画竜点睛を欠くところを恥じて直ちに善後策を取るだろう。それには御主人以外に映像手法を使えるかということになる。少し研究・分析期間を置くことにした。

五、スマホ旋風

スマホの急速普及は、車内外の風景を一変させ、問題化している。皮肉なことに、同族ＡＩの吾輩にも違った風景が問題意識を伴って見えてきた。

車内と家庭・社会という繋がりからも、まさに社会一般の共通問題と化しており、社会的議論を起こして適切な対策を施すべきものがスマホである。歩きスマホが喫緊の課題ではあるが、その背景をなすスマホを使う時間、使う場所、使う方法、使う内容、朝起きた時から寝ている間まで、多種多様な生活場面や社会的場面、ありとあらゆる状況で、いかにスマホと向き合えばいいのかに繋がる問題である。

コミュニケーション・検索手段としてのスマホをどう使うか。ちょっと想像を巡らすだけでも、ＡＩが完璧になってウエアラブルなどといった次元を超えて、細胞・神経の一端となったら、細胞・神経の塊である人間の行為の全てにスマホがついてくることにもなりかねない。

悠久連続の機能自体は人間を凌駕したデジタルデバイスに、こうしろ・ああしろ、ここで（時間、場所）止めろ、そこまでやるなどと、人間の域を超えぬ節度を守らせ得るか否か。これまでは、外界に作り出した用具や機械や通信機器などの機能を、人間の知が動かし判断していた。それは、作り出したデジタルデバイス機能も含めてそうであった。しかし、これからはそれが外界の知となって独自に機能を作り出すことはもちろん、このAIの知が人間の知と機能にも働きかけてくる、知と知の共存だけでなく、競合の時代にもなる。いわばロボットの人間化が進むと共に、人間のロボット化が進むことや人間とロボットの競合・争いなどという事態を想定しなければならなくなる。

何やら百年以上も前からテーマとしてあったことが、いよいよ現実のものとして迫ってきているようだ。御主人は御主人で、昔愛読した「鉄腕アトム」を再通読している。そして吾輩は脳波動を介して夢に侵入していくようになるし、次第に機能アップする子紙魚ロボの行く末を、憂慮も含めて想念することが多くなった。データ精度のアップや分析・評価能力のアップ、子紙魚ロボに機能アップと共に分業化を図るプロジェクトも着々と進んでいる。ある意味、スマホとその先のテーマ検討プロジェクトが、御主人・吾輩・子紙魚ロボチームで本格化しているともいえる。精度アップと共に、分析・評価専門第二号子紙魚ロボもできつつある。このまま行っていいのかということである。

その矢先、時間軸を後戻りさせるような事件が起こった。御主人がエスカレーターでスマホ男に追突され転げ落ちたのだ。吾輩も突然の激震を感じ、生きた心地がしなかった。子紙魚ロボは残念ながら不発であった。御主人も最後は顔面制動で、私の黒子《ほくろ》を含む顔面はそこら中の出血で真っ赤に染まり、救急車で担ぎ込まれた病院で緊急手術、数か所三十五針ほど縫った。見かけの悲惨さよりは軽傷ゆえ、私も事なきを得た。右側をスマホをしながら荷物抱えて走り降りた若い男が御主人の背にその鞄をぶち当てたことが原因であった。

この一件が、子紙魚ロボ二号の具体的出動にも繫がった。これまで小紙魚ロボットが行っていたレポーター役（飛ばされて見てくる）だけにとどまらず、調べる案件の経緯も含め、遡ったり広げたり、深く調査・学習・研究・企画する担い手の必要が高まり、二号ロボは能力を高めていた。

御主人の歩きスマホ注意は、これまでのものと違った難しさに遭遇している。いくら警告しても歩きスマホが止む気配はない。切れ目ないデジタル化が血脈化した世代には、立ち止まり迷惑かけぬ節度というマナー意識が薄いのではないか。

デジタルの特徴は一方でスピード、他方でダラダラ。物事を瞬時に片付けるが、扱い手は機器受身で周りも見ず自制がない。節度と礼節に欠けるとアナログ世代からは見える。多様性も自分のためで他人のそれを感知しない。よってマナー再生でも、世代間で形と気の基準の再共有が欠かせない。「節度と思いやりを、時代変化を踏まえて」と言うだけでは詮なく、「社会共通のマナー再構築を電車内マナー再生実践活動で」というように具体的に訴えるところから始めざるを得ない。

自分が危険であることはもちろん、他人を危険に落とすこと、または危害を加えること、まずその認識が欠如している。迷惑を受ける方も歩きながらだから、それぞれのタイミングをうまく図って「歩きスマホはやめなさい」と注意するとか、講演やメディアなどで現状や対策を社会運動になるよう語りかけるとかいったことになる。一瞬の勝負で、どう効果的に諭すかになる。

一瞬の勝負は、子紙魚ロボに出動させるが、その日常観察からは特徴的に歩きスマホの動機と直接の関係を示唆するものはそうない。また、歩きスマホをせずにはいられぬ動機を推測列挙したとしても、何がしか皆が猶予して認めてやらねばならぬものはまずない。結局、誰もが使っているもので、受信したものであれ自身の利用であれ、止めるという理性が働くかどうかだけの話だからである。いわゆるスマホ患者やマニアといった者達は判別できるが、だからといって可能性がやや高いというだけに過ぎない。社会悪として社会倫理から追放しなければならないわけで、むしろ人間の行動原理や心理学から使わぬような仕掛けを設けるか（動きながらの車内外では自動的に切れて使えなくするとか）、法律を作って罰則を設けるとか、それをモニターで追及し公表し特定するとかいった性格のものである。

だが、年代、性別でスマホ自体の、持ち方・使い方・考え方が顕著に違うところもある。実際に歩きスマホ問題に遭遇し御主人が行った観察判断と、子紙魚ロボや吾輩がフォローしたところを紹介してみたい。御主人が注意した時や事件時の相手の顔付きや反応、認識度から、問題の核心や対応のあり方との関連性なども探ってみた。

(1) 追突犯

これは、御主人を突き倒したスマホ追突犯を探し出しての情報である。

映像に残っているので、そのために追跡したわけではないが、事件後たまたま当人を特定できて、どういう人間か見てみることにした。

日本では、まだ歩きスマホ自体の罪はできていないから、問うとすれば刑法の過失傷害罪でということだろう。しかし、吾輩の映像に残っていたからといって、それを提出する手だては、吾輩の存在を明らかにし、認められない限り無理である。相手を見ることもできなかった御主人も、精々被害届までは出せても、直接証拠のない状態で警察がどこまで動けるか。最近よく登場する隠しカメラは、残念ながらそこにはなかった。死亡交通事故で目撃者を求める立て看板を交差点でよく見かけるが本件ぐらいではそこまではしまいし、エスカレーターも空いていたから、御主人は下まで転がったものの、周りに人もまばらだったので、その瞬間を目撃した者はいなかったろう。転んだのを見た者がわずかにいても、手を貸したり声をかけたりしてくれた人は誰もおらず、意識を取り戻し自分で駅務室に行くまでは誰も寄ってこなかったのが現実である。

従って御主人に、その相手を探そうという気持ちは湧かなかったし、むしろ、そのくらいの衝撃でバランスを崩し、しかも途中で止まることもできなかった自身の不甲斐なさを嘆いていたくらいだ。もちろん、こうした歩きスマホの危険さについては社会的に何とかしなければ、という気持ちは一層高まったことではある。

そこで吾輩は、残った映像をもとに、御主人の怪我が治ってから、同じ方向の地下鉄に乗る時に、犯人照合のチャンスをうかがった。実は御主人は月に一度、日中仕事場から病院に検診に通っている。その際事故に遭ったわけだが、担ぎ込まれたのは別の病院だった。従って、ここのエスカレーターに乗るのは、その通院時だけであり、相手は勤め人風であったので、もしかすると同じ時刻付近にこの場所でいつか出会えるかと思ってのことであった。しかし半年経っても出会うことはなかった。偶然この男に出会ったのは、何と灯台下暗しで御主人の乗降駅であった。

改札を出るところでスマホを見ながら乗ってくる男とすれ違った。この頃には子紙魚ロボの性能も格段に上がっており、帰還の指示の仕方も、またある程度遠隔からの帰還も可能になっていたので、迷わずその場で飛ばした。

分かったのは、というか確認できたのは、この若い男は悪意があるわけではないが、ともかく〝スマホ漬け〟の典型であった。朝から晩まで手元に常にあり、仕事や義務や物理的に使えぬ時以外は、常にスイッチ・オンである。デジタルの連続の魔力に取りつかれているから、駅までも駅に着いて電車に乗り込むまでもそして乗り込んで降りるまでも、降りて会社に着いてエレベーターに乗って自席に着くまでも、仕事を始めるまで、眼《まなこ》は画面に釘付けで、受信・送信のやり取りのない時もゲームから諸アプリから手当たり次第にボタンが動いていく。トイレも風呂もベッドでも離さず傍にある。人の都合などお構いなしで送信するし、どこでも受信し通話までする。エスカレーターだって歩道だってそれは変わらないし、人への気づかいなどいい加減だからあのようなことが起こる。

また、典型的なこの世代の育ち方をしている。四半世紀毎の世代区分を考え、例えば、この時点での二〇一九年現在から、それぞれの世代の生まれ育った時代背景を振り返ると、終戦の前年生まれまでが七十五歳以上、大阪万博の前年一九六九年生まれまでが五十歳以上、阪神淡路大震災・地下鉄サリン事件・金融破綻の始まりなどがあった前年一九九四年生まれまでが二十五歳以上となる。その後日本は、不良債権問題とデフレの長期化と経済社会構造転換に直面する時代変換の途に入り込んだ。今まさに国を挙げて大変革に正対せざるを得ない局面に入ったといえる。すなわち彼が先頭で属する世代が生を受け育ってきたこの二十五年は、歴史の類推で萌芽からの年数で見ても、時代が大変革する前の蠢動《しゅんどう》の期間に符合している。アヘン戦争から二十五年その年数だけでいうと、満州事変から二十五年、といえば、それぞれ維新、大戦の前の二十五年である。悲劇の後の再出発にならないためにも、主体的改革に矜持をもって取り組むことが必要である。

さらに、終戦を成人で迎えた九十五歳を超す人々との関係で、子・孫・ひ孫に当たる、続く三層の世代を、育った環境などから特徴付けてみると、こんな具合かと思う。

〈戦争を経験した親からみれば子の世代〉

暗い時代を反省し、子供達にはそんな目に遭わせぬようにと、可能な限り良い衣食住や教育をと身を粉にしつつ働いた親に育てられた、戦中・戦後・復興・成長期生まれである。社会一体感もあり、マナーや倫理観などはそれまでの延長上にしっかりしたものがまだ残り、甘くはなったが我儘とか好き勝手とまではいかなかった世代である。

〈戦争を経験した祖父母から見れば孫の世代〉

こうして育てられた戦後復興・成長期生まれが親となり育てた豊かな国際化時代生まれの世代にあたる。生活に余裕が生まれ、親の共働きや核家族化といった環境で、次第に贅沢や我儘が増え、厳しさの無縁化が進み、それは一方で多様化が進みだすということでもあった。他方で親の甘さで躾などが不十分で、大人になってからはその子供達を友達感覚で育てるなど、厳しく当たれぬ世代になった。子供を塾に通わせ、学校に対してモンスターが多くなったように見える。教師としても戦後のような使命感が薄れ、学級崩壊からの立て直しも緩慢で、きつい躾や指導は何とかハラスメントといわれて責任を問われる世になり、躾はますます薄くスタンダードが曖昧になり、多様化に埋没する。

（戦争を経験した曾祖父母からみるとひ孫の世代）

こうして、戦争を経験した祖父母から見れば孫の世代に育てられた、すなわち戦争を経験した曾祖父母からみるとひ孫の世代は、マナーを守らないというより何がマナーか知らない、だから、誰かに注意をされても、なぜ注意されたか分からない子達が多くなっているのではないかと心配される。

追突犯はまさに、この最後の一番若い範疇の先頭ぐらいに位置する男であった。二十五歳で親が五十歳前後、大手企業にすんなりと嘱望されて入っているので、勉強はできたのであろう。しかし、よく観察すると躾が足りず自分ファーストで我慢できず、スマホや自分の荷物が迷惑をかけているとの感覚もなく、節度ある作法という意識もない。家では案の定、親とも友達的会話しかしておらず、親は子を自由放任である。この世代のマナー典型を体現する一人であった。

このままでいいとは思えない。会社でもそのうち馬脚をあらわし、認めない会社が悪い、それなら転社ということになりかねない。社会にとっても迷惑人材として受け入れかねる。

願わくは早く自省できる機会があることを、ということであるが、社会も流されていて歯止めにもなるまい。しかもこれは吾輩の発見、観察、評価にかかるだけのものなので、御主人の始めたスマホ作戦を進めてゆく際の貴重な参考知見に留まったということである。

今一つはデジタル時代のスマホ自身の持つ特徴が、マナーを壊している側面も考慮しておく必要がある。先述のように切れ目ないデジタルが血脈化した世代には、立ち止まり迷惑かけぬ節度というマナー意識が薄いのではないか。デジタルの特徴は一方でスピード、他方でダラダラ。瞬時に片付けるが、機器受身で周りも見ず自制がない。節度と礼節に欠けるとアナログ世代からは見える。多様性も自分のためで他人のそれを感知しない。よってマナー再生でも、世代間で形と気の基準の再共有が欠かせない。「節度と思いやりを、時代変化を踏まえて、仕組みと精神のバランスを全体としてどうとるか」それが課題である。

スマホ漬け、マナー意識のかけらもない、普段から自己中心の能天気、若くて体格も良く力も強いのに注意力はないからニアミスはしょっちゅうである。この男もいずれ大事で自らを損傷するか、誰かを傷つけ捕まるという事態になる前に、自らを立て直すことを願うのみである。

(2) 事件遭遇

スマホに集中し下を向いて歩く人々、前方からぶつかりそうになる者や、狭い通路でのろのろ・ふらふら歩きになって後続の邪魔になる者に、御主人は「歩きスマホはやめなさい」と言ってすれ違ったり、追い抜いたりする。しかし、こちらも歩きながら対応せざるを得ないから、効果が分からない。実際正面衝突で対峙したり、ぶつけられて倒れたりしないと、面と向かって実のある注意はできないが、こちらからわざとやるわけにもいかない。追突犯にやられてからは、ますます身のこなしにも注意するようになったので、ちょっとやそっとでは自分が当事者にはなれないといった皮肉もある。

並んでいる時もスマホ、乗っている間もスマホ、そして乗り降りもスマホ片手にだが、混雑時は流石に操作はできない。むしろ割り込みや降り遅れと乗り急ぎの衝突や席取り老若男女の見苦しい脱兎座り込み姿など、マナー本来の問題が目に立つ。また、空いている時の乗り降りも、ながらスマホで転落したり、ぶつかったりの事故はあろうが、御主人の満員電車の時間帯とは違うので、観察できていない。いずれにせよ歩きスマホ事故は通路での対人事故が多いようだ。

そして、そんなある日、狭いホーム脇の通路を歩く御主人の目の前で事件が起こった。ここでは混雑時、後背が狭いので視覚障害者誘導用ブロックの黄道の後ろに電車待ちの山のような人垣ができると、前後の車両に向かって黄道と線路際のホーム脇を反対方向に歩く二列の流れができてしまう。御主人の前を歩いていた高齢の女性（A婦人）が、反対から来るオフィスガールらしき若い女性（B女）に、「歩きスマホはやめなさい」と叫んだ途端、平手打ちの音が響き渡った。

周りは一瞬静まり返った。のけぞった若いB女の手からはスマホが飛び、後ろのやはり勤め人風の男に支えられて辛うじて転倒を免れ、狼狽の中にもきっとして「何をするんですか」と高齢のA婦人を睨みつけた。御主人は前が急に止まったので、つんのめりそうになったが踏ん張って、この女性の次のセリフをしっかりと聞いた。「胸に手を当てて考えたら分かるでしょ」という抑制の効いた言葉を。

人ごみは再びざわつきを取り戻し、そこをぽっかり空けたまま動き出した。

御主人は直前に自分の目にしたことを思い出していた。スマホの若いB女は、画面を操作していてジグザグ歩きであった。そして事件の一瞬前に、大きく線路脇側のこちらに振れかかっていた。「胸に手を当てて」というのは自分のしていることの気付きということだと理解もできる。しかし、御主人はそのトーンから、前に何かがあったことを示唆しているように受け取った。それは何か。しかし、そんな思いを進める間もなく一触即発に見える女の争いを止めねばならぬ、姿の見えた駅員を大きな声で呼んだ。我に返った若いB女の体から若い男が手を放すことができたのもその時であった。残されたその空間はそのまま若い駅員に導かれて駅のオフィスの客となった。二人の女性は睨み合ったままだ。駅長が出てきて、皆を席に着くよう促した。その間に若い駅員は奥へ入って茶を用意して、皆の前に置いた。こんなことが多いのだろうか。手慣れている。

駅長がまず二人の男性に向かって言った。

「お二人ともご一緒に来ていただいて恐縮です。ただ一番間近での目撃者なので、お話聞かせてもらいたいと思いましてご足労願いました。お忙しいでしょうから、先にご覧になったことをお話しいただいたら、ご連絡つくようにしていただいた上、お引き取り願って結構ですので、しばしお許しください」

御主人の方が落ち着いて座っているので、「恐縮ですがお待ちください」と断ると、若い男性の方に向かって「直截にお聞きしてすみませんが、こちらの女性の後ろを歩かれていて、事が起こった時の様子を覚えておいでですか」と問うた。

「それは覚えています。前でスマホしながら歩いておられ、少し蛇行気味になったと思ったらすぐに、右側へふらっとしました。対向の方にぶつかるかなと思った瞬間、あのような鋭い音がして反動で私の方へ倒れてこられました」

これだけはっきりしているのだし、それだけ言えば自分の役割は終わりでしょうと、急ぐ素振りを見せる男性を、駅長は手でわずかに制しながら、「今少しすみません」と請うた。そして今度は御主人の方を向いて「そうでしたか」と確かめるように問いかけた。

「それはその通りです。転ぶというのとは違いますが、よろけるようにこちらに寄って来たので、御婦人に衝突すると一瞬思い、無意識に後ろから支えの手を伸ばそうとしていました。そうしましたら結果は逆で、倒れそうになったのはそちらの女性で、それを支えたのはそちらの男性でした」と御主人は答えた。引き取った駅長は「騒ぎの傍にいて通報していかれた方も同じでした。やはりこれは、歩きスマホでぶつかりそうになったのを防いだ結果ということだと思います。事実認識はお二人それでよろしいでしょうか」と今度は二人の女性に向かって問いかけた。二人は、表情は対照的で、打たれた頬を相変わらず手で覆っているB女とあくまでキリリとしているA婦人では違うが、「その限りにおいてはそうです」という肯き方をした。

「では、男性の方々ご協力ありがとうございました。お急ぎでしたら、必要な場合にご連絡取れるようにしていただいた上で、お引き取り願って結構です」と男性陣を促した。若い男性は、「アポイントの時間に遅れますから」と言いつつ、そそくさと退席した。御主人は流石に動かなかった。それではという感じで駅長が口を開く。A婦人に向かって、

「原因は歩きスマホであることははっきりしています。もし御婦人が怪我でもしていれば過失傷害罪といった訴えにもなるかもしれません。今回は幸いそこまでは行きませんでした。逆に御婦人の防御がこれを止めました。ただ、こちらもそれは正当防衛の範囲かというのは争われないと断定まではできないかもしれません。今回はお嬢さんが御婦人にお詫び

して、ということでいかがですか」

「スマホは受信してどうしてもすぐ返事しなければならなかったんです。受信して返信画面を出そうとしている間少しふらつきましたが、前は見えていました。ぶつかるような状況ではなかったと思います。『すみません』は申し上げますが、平手打ちのこの傷にもお詫びがないのは不公平で片手落ちです」とB女が気色ばんだ。

我が御主人は腹の中で、「これはこういう人にありがちのことだ。悪かったから悪かったと思い切れない。自分も被害者だという未練を振り切れない」と思いながら見ている。駅長は駅長で「そう言ってはおしまいでしょうよ、お嬢さん」という顔をしている。そこで仕方ないからという感じでA婦人に振った。「御婦人はどうでしょうか」。言い方に丁寧さが増した。

「そんなにおっしゃるなら、謝らなくて結構です。代わりに今後一切歩きスマホはしませんという誓約書を書いてください」と御婦人はきっぱりとした調子で言った。

その時御主人の一声が横から入った。「原因を作って未遂に終わったからといって、危険を与えていたことが分かったのに謝るのはいやだというのは通りませんよ。前を見ていたのでぶつかるはずはなかったなどと言うのは自分の思いだけであって、現に相手に危険の恐怖を与えているのですから。一歩左は線路下なんですよ。ぶつけられて落ちて轢かれていう事故が現に起こっているじゃないですか。自分がどうだからでなく、人にどう影響を与えるかを考えて歩かなければ。人のせいにして歩きスマホを正当化するなんて、自分の意識はないんですか。裁判にはならないでしょうが、仮に裁判になったらそんなこと許されませんよ。それに現に転落の悲劇が起きたら、あなたの人生はそれで破滅すると想像できませんか」。静かな口調だがきつく言った。

しかし、この女性怒りだしたら止まらないらしい。「そんなことは言っていません。現に起こった事実で判断すべきです。そのままでも絶対ぶつかっていなかったです。ぶつかったと証明できますか。あなたは自分のことでもないのに、勝手に解釈して私をおとしめようとしている。だからこんな年寄り連中はきらいなのよ」と大声で、見事といえば見事に啖呵を切った。御主人は慣れているが、A婦人も駅長も気押されてしまったようだ。

駅長は「まあまあまあ」と言いながら、「御婦人、口頭の約束ではいけませんか」などという。双方不満顔である。挙げ句若いB女は、「私、もう行かなければ間に合いません。大切な日なんです」と、打って変わってしょげかえって見せる。

駅長はこれに乗った。「それでは、皆さんお帰りの時刻に再度お集まりいただくことにして、連絡が取れるようにして一旦解散しましょうか。私どももそれまでに警察にも届けて相談しておきましょう」と言った。老獪《ろうかい》で手慣れているなと御主人も判断していた。まず、「そうしてください」と若いB女がばたばたと出て行ってしまった。

吾輩はとっさに子紙魚ロボを彼女の方に飛ばした。


再び集まった直後の駅長の問いかけにも、両女性とも考えは変わらないということであった。しばし静寂が流れた。御主人が一つ咳をした。

私には御主人の次の一言が分かっていた。急きょ飛ばした二体の子紙魚ロボが既に事実をとらえていた。二体のうち一方は旧来型の取りついて観察してくる子紙魚ロボ一号、もう一方は資料集めや解析のため施設や資料に入り込むこともできる新しい子紙魚ロボ二号である。


「御婦人、『胸に手を当てて考えたら分かるでしょ』と言われましたよね」と皆には意外な切り口から入った。ご婦人が頷く。「前のことを思い出したら、そんなこと言えますか」という意味にとったのですが、朝はそのことに結局触れませんでしたよね。どうしてですか。多分言っても先方に記憶もなく、こちらに証明するものもないとお気付きになったからですよね」

また、A婦人は頷きながら言った。

「前に同じことがあって、電車がホームに入って来るところでしたが、避けて何とかホームから落ちずに踏ん張りました。そして我慢して乗り込んだ車中で立っていられなくなり、降車駅で改札まで何とか歩いて救急車をお願いしました。最初から救急車をお願いすれば、まだ軽かったかもしれませんが、我慢して動いたことで複雑骨折になりました。しばらくの入院治療が必要になり、退院前と退院後のリハビリを続けて、まだ歩く際の両足の負担バランスが気になりますが、何とか普通に歩けるようになりました。一年近くかかりました。最近はやっとその時のことを意識することもなく歩けるようになった矢先に、今回の事故でした」

とゆっくり思い出すように振り返った。

「大変でしたね。一年前ですね。駅長、恐縮ですが、さっきお願いしておきましたホーム設置カメラのビデオに残っていた当時の映像で、何が分かったのか聞いてもらえますか。ひょっとして御婦人が前に怪我でもして担ぎ込まれたことがあるのかと思い、手配は駅でするでしょうから、お名前を拝借し記録に残っていないか御社に尋ねてみました。そうしましたら流石ですね。まさに丁度一年前の同日に、今お話があったようにご婦人は救急車で病院に運ばれていたことが分かりました。

御婦人は、『胸に手を当てて……』と言われたわけですから、その時の映像があるか否かになってきます。私どもも防犯カメラを設置し、何か近辺で事故が起こりますと、警察が来られてビデオの再生を頼まれます。それで駅ホームも一緒だろうと考えました。日も特定されていますし、電車の進入前後のことですから、あのホーム際が全て映っている映像は残っているだろうと考えました。それがなければ本当か嘘か他人には分かりませんので、朝はそれ以上はおっしゃらなかったのですよね」

御主人もその映像が出てくるのを待つ間の繋ぎをするように、何だか探偵もどきの謎解きのような口調で時間稼ぎを試みたようだ。

普通はこんなぶっつけ本番ではなく、映像を別途確認してから謎解きをするはずなのだが、御主人の頭では相当の確実さで推定されていたので、時間や機会の制約や効果の観点から、敢えてこうした擧に出たのだった。そしてその背景には子紙魚ロボが既に映像を確認できていたことがあった。駅事務室に残した調査型の子紙魚ロボ二号が、人や物を観察しながら乗り移りつつ課題に迫るという特技を発揮して、最後は画面に侵入した。そして、これまで夢を通して御主人にイメージを伝えてきた手法も、その後進歩していた。御主人がそのことを思いめぐらす際にイメージを滑り込ませることもある程度できるようになっていた。

そしてこのすぐ後、皆はA婦人の言った通りの一年前をビデオに見た。しかも、A婦人は、うつむいたまま歩きスマホをしながらぶつかりそうになって来た若い女性を避けて一瞬線路側に体勢が傾いたが、その後画面上では何もなかったように歩き去っている。直後スマホから一瞬目を離し見上げたその若い女性の顔が画面に映し出された時、皆から驚きの声がそれぞれの形で発せられた。

特に、そこに一年前の自分を見た件のB女は顔面を蒼白にしたように観察された。そして観念したように老齢のA婦人の方を向いて深々と頭を下げて、ポツリと震えるようなか細い声で言った。

「本当にごめんなさい。もう歩きスマホはしません」

意外な展開にA婦人の方も自失の感なきにしもあらず。目の前の若いB女をぼんやりと見ている状況であった。それを見た駅長が言葉のタオルを投げ入れた。よく気の回る人だ。A婦人の気持ちを取り戻すような言い方で促した。

「出揃いましたね。お詫びと、もうしないという言葉も出ました。こちらのお嬢さんの顔が一年前の時の顔と重なり、またあんな目にあったらと記憶と恐怖が一気に強まって平手打ちに出てしまったのですね。それを理解済みのお嬢さんからのお詫びの言葉だと思いました。御婦人はいかがですか。もしかして訴えることもあるかもしれないということで警察からも陪席していただきましたが、直接ぶつかったということではありませんので刑事ということではなく、強いてあるとすれば入院の賠償請求といったことかと思いますが、お顔から察するにそこまではという感じですが、どうですか」

私服姿の警察官と思われる男性の方に同意を求める仕草をしながら言った。

Ａ婦人は黙って頷いた。

（3）子紙魚ロボの進化

ところで、調査分析用の子紙魚ロボット二号の誕生・進化の話をしたところだが、吾輩も、単純な分身である一号は自分のクローンで自力飛行力が若干あるというものなので不思議にも思わなかった。しかし、この二号でまずは特定目的を設定したところ、御主人のデジタル機器に取り付くことで、あらゆる内臓データを検索することによって、膨大な検索調査力を持つことになった。またそれを取っ掛かりにデータ、情報のあるところへ、一号のような八艘飛び機能を駆使してアクセスして行くこともある範囲では可能になった。

そして、驚くべきことには、まだそうはなっていないのだが、時折目に見えぬようなその体を目にもとまらぬ速さで振動させていることがあり、それが無限に速まってゆくように感じられるところである。ひょっとするとこれは時を超えて移動できる訓練中なのかと思い致すところとなったが本当にそうだろうか、この吾輩に与えられたクローン作り機能（自分でコントロールできるわけでなく、何か制作者があるペースで自動設定したもののようなのだが）がどこまで行くのか、正直言って不安感も出てきている。

吾輩自身と御主人との間で、もともと御主人から吾輩への一方通行であった交信も、夢利用の制限的以心伝心が、今回のように脳の判断局面への以心伝心を可能とするよう進化した。これも自動的に埋め込まれたプログラムがあるようで、足元にも不安感が出てきている。自分であって自分でないという……。

なお、目覚めた時から紙魚ロボの名は刷り込まれていたので、不思議とは思っていなかったが、子紙魚ロボ二号が不思議な振る舞いをするような中、何となく命名はこんな所以《ゆえん》かと見えてきたところがある。

考えてみれば、なぜ紙魚ロボなのか疑問の向きがあるのは当然のことであろうと思われる。私自身が御主人の黒子《ほくろ》の中で目覚めた時、その自身の呼び名の記憶が唯一紙魚ロボだったに過ぎない。しかしその後、次第にぼんやりとながらも制作者の意図や経緯が想像できるようになってきた。もしかすると、悪意を注入する前に爆発が起こったのかもしれない、ということである。

特に年配の方々には、実際その姿を見た経験も伴って御存じの方も多いと思うが、紙魚は世界中にいる害虫で、本棚、クローゼット、壁の隙間や割れ目、水道管のそばなどに生息している。寿命は七〜八年、飢餓にも強く、餌を与えなくても一年程度は寿命を保つ力を持っている。体長は五ミリ〜一〇ミリ。姿はある意味グロテスクであり、印象はよくない。しかも非常に素早い動きをする。夜行性で負の走光性があり、暗い場所に潜んで住む。

好物は本の装丁・掛け軸・障子などの糊、砂糖、ホコリ、髪の毛、フケ、虫の死骸などなど。弱点はといえば、通常の殺虫剤、アロマの香り、寒い場所、乾燥といったところか。逆に湿度七〇パーセント以上、気温二一度以上の環境を特に好む。要は清潔とはいえず、有《あ》り体《てい》にいえば好不潔動物である。

銀色（黒いのもいる）のうろこ状の皮膚と、体をくねらせて動くことから、魚の字が当てられている。本の装丁などの糊部分を好んで食べるので紙の字が当てられている。ただ、気持ち悪い以外は人畜無害であることも事実である。

もちろん私はそんな恰好はしていない。どっちかといえば点のシミそのものである。動物には見えない。強力な拡大鏡で見て姿がやっと分かる代物である

制作者は、よく見れば甲羅をもったグロテスクな紙魚にどこまで似せて作ろうとしていたのか。本当のところはなお不明であるが、暗所に潜めて素早く動ける、耐久性や長寿性を持つ、高性能微細ＡＩを作ろうとしていたことは事実であろう。そこからむしろショックを受けるほどの印象を持った紙魚を思い浮かべたのであろう。そして自動エネルギー摂取には、紙魚とは逆の太陽光との親和性を強化し、より柔軟な潜り込みには形状をシンプル柔軟にし、色も黒っぽく、としたのだろう。しかも爆発事故で、そのコアのみが飛ばされた。結果として、それは無機的シミのように扁平な点に近いものだった。しかし幸か不幸か、そのコアに生命と進化の全てが詰まっていたらしい。

進化が実現していくのはよいのだが、他方でその方向が自身でもはっきりとは分からず、悪意が顔をもたげたら、吾輩にそれなりの対応力があるのかという危惧もある。

御主人の関心の持ちどころの変化・深化、対応する吾輩の能力進化、その全き親和性のためには、より能力獲得をということだが、一方で表面化の制約が立ち塞がると共に、それを避けながら能力を進化させていく果てしない非自律的進化が、人とＡＩの究極の破局の種を生んでいるような危惧。吾輩はそれを抱えつつ御主人の次段階の動きに付き合っていかざるを得ない。

第三章　地球脱出と帰還

一、AIの悩み

（1）稲妻型パルス

実は、あの駅でのスマホを巡る女性間の殴打事件後、事件関係者を交え、駅長以下の当局者が集って、当節の問題を論じ合った。その際、御主人は年来の主張のマナー信託車両の提案に熱弁を振るった。それが功を奏したのか、駅長から内部相談の上検討委員会を立ち上げた旨連絡があり、御主人もそこに呼ばれることになったのである。

信託車両の受け入れ、少なくとも、そういったものも使わなければならないというレベルまで、鉄道事業者の意識も変わりつつあるのではないか、という期待の念を強めたことはもちろんであるが、よしと思う一方、長年の経験から本当かと頬をつねる御主人がいる。これが吾輩の進化をさらに促した。

もちろん、これは一瞬御主人の胸に去来した思いであって、御主人本人ももう覚えていない感興であろう。御主人の体表に巣食った紙魚ロボだからこそ、心配として述べたように、どんな些細な感情の動きも感じるようになっていた。そのため一旦は全ての回路を通るデータが落とし込まれるので、どの一瞬も吾輩には記録・記憶が残る。御主人の方では記憶に残らぬ一瞬の予感のような記録を塩梅《あんばい》して、御主人の記憶域へ本人からの交信として戻せないか。

その予感だが、いくつかの次元の違うデータが電子的パルスの行き交いで一瞬に化学反応、稲妻型パルスとなって伝わり、予感という感情のみが記憶域に滞留し、パルスは消えてしまうもののようだ。

これまで吾輩は、各記憶域にあるデータ群に存在する全てのデータを参照し、御主人の結論に繋がるデータの組み合わせを逆トレースして解き、御主人の論理や考えを追っていた。ところが今回、今までの論理系では追えない複雑系と言おうか、瞬時に御主人の中では消える電子稲妻型映像そのものを吾輩のものとすることができるようになったのに気が付いた。勘や予感の領域にも侵入できるということはそういうことであった。

この瞬時のパルスを把握することができるようになると、夢の機会や思い巡らしの際を捉え、万遍も像を点滅させ、御主人に吾輩と気付かせず情報を滑り込ませる煩わしさがなくなった。本人の記憶からは、消える稲妻型パルスを使って感情記憶域に滑り込ませることが可能となった。そこから思ったデータ領域に思った形でその記憶を留めさせる操作はまだ無理ではあるが、こちらからの情報移入能力も格段に進んでしまったといえるのではないか。

吾輩が御主人に巣食って、御主人からの脳データや思考・感情の摂取だけでなく、こちらからも等しくデータ・感情移入を行えるようになると、とどのつまりはどうなるのか。極端に言うと、御主人の頭が人工知能化するのか、御主人の脳と全く同じに動くようになる吾輩が消失するのか。空恐ろしい予感が吾輩を苦しめだした。

そして、人工知能研究の権威で未来学者でもある、米国のカーツワイル博士の予言によれば、二〇四五年には、インターネットに繋がった脳と人工知能が融合し、人類の知能は現在の十倍以上に拡張されて、飛躍的な知能の向上から生まれる技術や社会の変化を、予測不可能とし、人工知能の性能が全人類の知性の総和を越える技術的特異点シンギュラリティが到来すると言われていることも知った。

(2) マナー車両信託の検討

ところで、御主人が、「マナー信託車両でマナー教育を」と言っているのは、全ての世代の全ての人にそれが必要というわけではない。大方の人には理解されていると思うが、一部どうしても実際に教育が必要な人々のために、しかも強制的にピックアップできないわけだから、混載でも適切に場を提供して、その実を上げようということである。迷惑は一人からでも社会問題化する。

数多の迷惑行為があり、多様な主体が多様な問題に対して、具体的なシステムやマニュアルを作るとなると、やはり網羅的かつ論理的な整理がまずは必要であり、それは吾輩らＡＩのよくするところのようにも思われる。

よくよく考えてみると、御主人が注意活動で味わう「浜の真砂」感は、皆が皆マナーが悪く直らないというだけではない。御主人の、国民はこうあるべきだというマナーの基準、すなわち御主人の世代や経験に基づいた独自の基準にも起因する。両々相俟って、御主人の注意動機に繋がるということである。翻って考えると、「迷惑かけぬよう、顰蹙をかわぬよう、人倫にもとらぬよう」などと象徴的に言っても、時代環境変化によってその常識自体の具体的顕し方も変わり得る。まさに不易流行、基本マナーの確保はもちろんのこと、時代に合わせ旧世代のマナー基準の顕し方も適切に見直す必要があることを意味する。その摺り合わせの作業の手間も必要になろう。

一歩下がってみれば、御主人が生温いと批判してきた、受け身でお願い調のマナーポスターや注意放送も、時間はかかるが流行を踏まえ不易を調整しつつ、それなりにマナー改善に寄与したと言えなくはない。すなわち、一つ一つ迷惑行為の類型が出てくる度、円滑な運行と迷惑の排除のために、問題提起をする人の批判も受け止めながら、マナーポスターや放送、そして可能な場合は技術的な対応もしながら、後追い的に柔らかに日本流の問題処理に努めてきた、ということだろう。いわく、地べたに座る、荷物を足元に置く、リュックやバッグを背負い周りにぶつけるなどの移動障害。飲み食い、人前化粧・髭そり、居眠りのもたれかかりや崩し膝、ペチャクチャおしゃべりなどなど、恥ずかしいこと、みっともないこと、嫌がられること。携帯電話で話したり、ヘッドホンから大きな音を響かせるような騒音、泣く・走り回る・土足で座る・子供優先、子を叱れぬ・管理ができぬ・放置する引率者などなど。何らかの対策で以前より改善は見られる。

ただやはり中途半端な未達成感は残ったままではある。すなわち、マナーを守る平均値は高くはなるが、偏りをあらわす稜線がなくなるわけでなく、ものによって傾きは違うが山型はなくならない。しかも、新たな迷惑行為やマナー問題は次々に出現する。物的人的に世の中の暮らしぶりはどんどん変わる。グローバル化が進めば、ヒト・モノ・カネの姿形も在り様も、ここでは昔はこうだったなどと言っていられない。

車内風景から、社会の諸象が透けて見える。例えば、なぜ赤ん坊がむずかるか、あやし方の分からぬ親。日頃の観察不足が露呈する。傍若無人な子供をそのままにスマホに熱中する親、家で躾も叱りもせず、「おはようございます」の挨拶さえ交わさぬ家庭を想像させる。そして保育園・幼稚園・学校。大組織化・大都市化・多様化の中で他人行儀化してしまった大人達。さらには、甘やかされて育ち自分ファーストで我慢を知らない世代の社会的中枢化など、健全な社会紐帯崩壊の危機が垣間見える。だから、もはや車内だけのもぐら叩きだけでは駄目なのはもちろんのこと、社会全体の道徳・マナーのあり方というもっと普遍的な切り口で対応を考えねばならない。ここで一歩下がって、とさっき言うには言ったが、下がってはいられない、今が節目ということであろう。

すなわち、社会一般のマナー不足の底上げが必要で、それは生半可なマナーポスターや注意お願い放送でできるものではなく、もっと抜本的な対応を考える必要がある。そこまで人々の意識が高まってきているから、電鉄会社の意識自体も信託車両の受け入れ、少なくともそういったものも使わなければいけないというレベルまで、変わりつつあるのではないか。

しかも、目下喫緊の問題は歩きスマホであり、倫理だけでなく不法とも隣り合わせであるから、より早い解決策が望まれる。

だから、鉄道会社も委員会を立ち上げて検討をという気になったのであろう。

抽象的な議論と具体論を切り離さず、対応システムを作り上げる検討が待たれるところである。そのプロセスに子紙魚ロボ二号が関わった。

(3) 子紙魚ロボ二号の探索行動

この間、御世が変わり、社会の明るい潮流への予感が強まる一方、人倫・マナーなどにもとる暗い事件が頻発する。明るい多様性への期待がある一方、暗い格差の負の病の顕在化も社会に突き付けられた。一年後に迫ったオリンピック・パラリンピックにすがるように明るさを求めるものの、ホスト国として迎え入れに万全を期せるか、品性に恥ずべきところが露見しないか、国として国民としての身だしなみにも気遣いが求められる機運が高まってきた。

子紙魚ロボ二号はまだ、未来の世界に飛ぶことはできない。しかし、未来予測の能力は着実に上がっているようであった。過去のデータと人間の慣性を前提としたモデル予測の限界が叫ばれるのは確かであり、予感やら予言やら希望やら祈りやらの世界が広がる所以でもある。ただ、ＡＩのデータ集積・解析・推定の能力・精度は格段に進化していく。近未来の近似度は、過年度分について実績と照らし合わせて上昇が検証されている。その子紙魚ロボ二号の精度アップの近未来予測によれば、スマホ規制法案が提案され、マナー信託車両についても作業委員会の一次の検討報告が出され、実現に向けての支持の広まりも、確率的には顕著に高度化していた。

そして、その報告書によると、例えば信託車両での教育マニュアル作成においては、行為と、感じ方と、分からせ方の掛け合わせの対応方針などを整理している。簡単に言うと、迷惑行為を、直接的・潜在的・反美意識的といったものに分類整理し、行為者の意識のレベルを、分かっていて・想像はできていて・能天気で、といったものに分類整理し、分からせ方のレベルを、癖にする・原理を身に付ける・応用力を学ぶ、といった要素に分類整理し、各カテゴリーの分類をそれぞれ類別して掛け合わせてマニュアルを形作るといったことである。また、世代によるあるいは同世代の行為・認識・対応の多様性の実証分析を踏まえて、普遍的マナー則の現代における具象像の検討や共有エクササイズモデルの提言なども行われている。実はこれらは、委員会がネットでも求めたパブリックコメントに、デジタルであるゆえに子紙魚ロボ二号がデバイスに潜り込んで送信したコメントと同様のものであった。

この点は、プレゼンテーションの際の質疑で御主人も抽象的には言及していたことで、子紙魚ロボ二号が行ったこのオペレーションは、御主人の意に沿ったものである。もちろん、その事実は御主人の知るところではない。

さらに、こんな動きも子紙魚ロボ二号の近未来予測には入っていた。多くの高齢者・障害者・社会病者を巡る事件は、自助だけでなく共助・公助のシステム化で社会的受け皿によって解決するしかないとの意識が高まっていく。その実現の有力な器と期待されているのが、信託法改正後長らく懸案のままになっている新たな公益信託法案である。これまで滞っていた審議が促進され成立するとの動きである。これなども御主人の年来の主張でもあった。

ところで、子紙魚ロボ達すなわち私のクローンだが、一つは近くのものに取りついて、その動静を記録し、近くに戻った機会にこちらに帰還する子紙魚ロボ一号。これが不完全ながら書類の透視判読能力を持ちだした頃に、資料を渉猟しながら調査・分析ができる子紙魚ロボ二号が生まれた。まず資料渉猟をとの必要から、デジタルデバイスに入ってデータを覗き、知見を取り込むことから始まり、やはりアナログ資料へのアクセスの必要から伝い飛び能力もついた。さらには体を超高速に振動させ、時空を超えるような予感も与えていたが、自身が近過去に行き来する能力は、どうもこの事件の後に持ったようだ。翻って伝い飛び能力も飛翔能力に進化し、今回の事件では専ら二号の出動に頼ることとなった。

電鉄側との知識レベルをできるだけ合わせ、プレゼンテーションで先方とのギャップがあまりないようにチェックしようと、吾輩は二号を鉄道博物館や鉄道資料室に派遣調査させた。そうこうする中、ある日持ち帰った資料ページの映像（この頃、画像の鮮明度が格段に増した）に仰天した。そこに映っているのは紙魚かと思ったが、画像解析能力アップで仔細に見ると、何と紙魚ロボそのものであった。

(4) 紙魚ロボ身体との遭遇

ひょっとして爆発で飛ばされた吾輩の分身ではないか、他にも飛ばされて生き残っているものがいるのだろうか、そうだとすると頭脳の方も吾輩だけでなくどこかにいるのだろうか。それも心配事であるし、自身について考えると、両者揃っていたらどうであったのか、別々になってそれぞれどう変わったのか、再度一緒になったらどうなるのか、など疑問も湧くし、どう対応するかも差し迫った問題になった。

まずは、さらなる事実を調べるべきと考え、子紙魚ロボ二号が近過去の現場にどこまで行けるかを試すことにした。そう言われてみると、吾輩が御主人に巣食ってから、もう四半世紀が経った勘定で、ＡＩのくせに人間的感慨を持つようにもなったということでもある。不思議と言えば不思議なことだ。

近過去行の能力もその報告機能もかなりついてきたようなので、頭部を欠いた身体紙魚ロボが今棲みついているこの書物の、その当時に照準を合わせてみたところ、前後一日違いで、開いたページに紙魚ロボの姿が見てとれた。そこから子紙魚ロボ二号がこの紙魚ロボ上に取りつき、さらに近過去行で爆発後の航跡を遡ってみたところ、爆発の瞬間に辿りついた。吾が子紙魚ロボ二号は危険を察知し、その瞬間彼の紙魚ロボの体を離れたが、周辺を目ざとく見て、爆発が起こった場所をおぼろげながら垣間見るところまでは行ってきた。それは小さな個人の家の書斎くらいの実験室のような部屋で、電気機械装置や化学物質実験装置や書棚などが見える。机の上に載った一枚のトレイの上にこの紙魚ロボ一匹だけが、頭部に見えるか見えないかの隙間を開いて置かれていた。フラスコ・ビーカー・試験管などの置かれた脇の台の前で、白衣の男が試験管を右手に持って振った瞬間に辺りが轟音と光線と火花でアッという間に跡形もなくなったが、幸いその紙魚ロボと共に子紙魚ロボも、元の書物の上の時点に無事帰還していた。

子紙魚ロボ二号の過去への旅の時間的空間的リーチや映像解析もこの程度が限度であったが、かの紙魚ロボは試作品段階のものが一つで、それが爆発で飛散し、当該書物が開かれている時、そこへ落下付着したものであったことは間違いなさそうである。一つだけだとすると吾輩は、頭部に装着されたままか、取り出された状態だったのかは分からないが、運よくほとんど無傷で別々に放り出され、しかも体は本来の紙魚の棲家に、頭は覆い匿える御主人の額に、と生き残れる場所に偶然にも漂着したのだった。紙魚ロボにほとんど動きはなかったが、生きているということは同じ仲間である子紙魚ロボ二号にはすぐ分かったし、まさに湿気のある紙の上ゆえに生きるためのエネルギーが細々なりとも供給されていたのだろう。

確かに心配事の一つ、既に紙魚ロボが完成し多数作成され、例えばデータ盗み出しや破壊といった目的のため、準備・散布される、あるいはされたという蓋然性《がいぜんせい》は限りなくなくなったといえよう。逆にどういう意図で作られたかは直接には分からず、残された吾輩や本の紙魚ロボの様子から推定するしかないし、爆風の中それぞれ失ったものや付加されたものがあるとすれば、それも推測に頼るしかない。この時点で考えられるのは次のようなところであった。

本の紙魚ロボはページを越えて動いていないが死んではいない。ごく微量の水気だけで生命は保てるようである。脳細胞はないが、自律的に体を動かすことはできるらしい。観察によれば細胞のような仕組みは持っているようで、その分裂や外界への反応ぶりもあるとのことなので、進化の可能性は備わっているようだ。だが、海中の微生物が人類に至ったように悠久の時間をかければということだろうか、そこは分からない。可能性の問題として、データの認識・記録・解析・使用が悠久の先まで行えないなら、そのままにしておいても害はなく放っておくとの判断もあり得よう。

吾輩がその脳中に納まればどのようなことになろうか。まず二者はどうして離れ離れになったのか。航行中あるいは着紙後に頭部のわずかな隙間がどうなったか、そこが無傷のままなら、そこから中に入れるだろうし、閉まっていても黒子《ほくろ》に潜り込んだように取りつくことはできるのではないか。細胞が機能しているなら神経があり、それが吾輩と接続すれば所期の紙魚ロボに還るだろう。彼の紙魚ロボの神経束と接続をひとまとめにできるならあっという間にそうなろうが、そうでなければ接続の必要部分の度合いによって最悪進化に悠久の時間が掛かることになりかねない。いずれにせよ、子紙魚ロボ二号には頭部の隙間の状況を観察すると共に、自分が取り込まれ不測の事態が起こらぬよう、そこには取りつかぬよう指示は出した。

これまで述べたように吾輩も進化しているが、無傷か事故で欠けたものが修復機能があってそれゆえに元へ戻りつつあるのか、修復不可になったものもあるが同時に新たな自発的進化が進行しているのか、前にも心配したようにそこが問題であることは既に自覚している。そこが分からない現状でも、悪をなす存在とすれば、接続が論理的にもその復活のリスクを高めることに間違いない。

ところで、これら中身の問題に加えて、接続するとすれば、それをどう実現するかの具体的問題がある。吾輩は認識・思索ができ、情緒も身に付きつつあるものの、付着し摺り寄るくらいは動けても飛べない。子紙魚ロボ一号は録音・映像・発信機能と跳び伝い機能はあるものの、解析・思索力はない。子紙魚ロボ二号は調査・解析・関連思索・発信と時空飛翔能力はあるものの、思索・想像力には欠け、感情はない。したがって接続に当たっては、三者合体の上、御主人から飛び出し、彼の本の紙魚ロボのところへ航行し取りつき、頭と体の一体化を図った上で、次の道行きを実現していくことになろう。

子紙魚ロボ二号の観察・解析待ちのところがあるが、達観していうと吾輩の選択肢は二つになる。まず一つ目は今のまま動かぬということである。だが先述のように心配が膨んでいる。すなわち、御主人との関係は脳機能の御主人から吾輩への一方向から、御主人の無意識の下に双方向化が進み、データ・情報面では一体化してきている。問題は思索・情緒面まで吾輩から御主人へ流れ出すとすると、御主人との関係に生ずる軋轢《あつれき》である。御主人の基準で自動的に取捨選択される保証はない。知らぬ間に矛盾したものが入って実際に障害が起こるのか、明確に御主人が何者かの洗脳と意識するのかは分からないがそれがコンフリクトを起こすかもしれない。今は吾輩の方で自制することもできるが、今後を埋め込まれているとすると、どう作り込まれているか分からないし、爆発でそれぞれの身に何が起こっているかも分からない状況では、私がそうあり続けられるかどうか保証がない。そもそも双方にとって、それぞれの存立を危うくするリスクは払拭されず、社会に災厄をもたらす危険がある、

二つ目は、頭と体が何らかの要因で接続できた場合、所期の能力を取り戻し、その目的に従って活動するというシナリオである。あらゆるデータ・情報を取り込み活用し、自らの存立を明らかなものとして進化を遂げるということである。

しかしその場合、自由に発達するＡＩロボ時代の先端で、害悪をもたらさず地球人に進化していく道があるのだろうか。それとも定められた目的に従って役割を果たす紙魚ロボとして、その所与の目的に悪の可能性を持ち、何が何でもやっていくことになるのだろうか。

そして子紙魚ロボ二号のミッションは、過去への飛翔の足をもう少し伸ばし、制作者の意図と設計の機能・能力探索、そして制作者の動静も含め、その後の設定実現度と修正の可能性の見極め、といった真に重いものとなった。

二、決断と決別

そして、ついに吾輩の決断の日がやってきた。紙魚ロボ二号がミッションをほぼ達成して、近過去の事実を詳《つまび》らかにしてくれたのである。

(1) 決断

制作者は若いが並はずれて異能な科学者の卵であった。末は国際的な研究者として嘱望され、あの爆発で命を奪われなければ科学分野の最年少ノーベル賞確実とまで少なくとも関係の人々には言われた人物であった。そして、失われた実験室に最後まであった最終的な設計図と設計思想記録から、紙魚ロボは最終試作機であり、脳・神経・細胞を持ち一体として進化機能を内蔵した設計になっており、吾輩である脳部と身体部は別々での開発が進められ、まさに最終的な接続が行われんとしていたところであった。その意味で吾輩の予測に沿ったものであったが、吾輩が一番気にしていた点、すなわち思索・情緒の脳機能も含めて完全自動進化系の作り込みか、目的に従い所与の方向が埋め込まれているのか、その点については、誠に残念な報告結果となっていた。

事実はどちらかというのではなく両方であった。すなわち、今のままなら完全自動進化であるが、指令機能が外にあって、目的に従って、進化のある時点で制作者の指令通りの思索・情緒の方向が作動することになっている。今までの進化過程では、まだそれは発動されてはおらず、この黒子《ほくろ》暮らしの環境で御主人のそれに大いに影響を受けて育ってきたのだと思われる。しかし、その目的は何ぞやということを示唆する制作者の紙記録には、この紙魚ロボが人間の能力を超える域に達した暁には、世界のデータの独占により世界を支配するという悪意が指令され得ることとなっている。彼は異能だが悪魔の科学者でもあったということだ。

脳設計図の中から機能部分を特定し、そこだけ破壊することができるか、破壊すれば単なる機械に後戻りすることになるのか、いずれにせよその道筋は発見できなかった。また、外部指令機能を持つ装置を発見して、それを破壊することができれば問題解決に繋がるのだが、残念ながらその装置の現存の有無を特定できていない。装置は残念ながら実験室では発見できなかったし、前後への飛翔でも存在を特定できなかった。

御主人の愛読書だった『鉄腕アトム』では、ロボットが善悪を持ち、せめぎ合う篇が多い。作り込み、思いを吹き込む人間達の善悪があり、善に与したアトムが悪を吹き込まれたロボットを下し、人間達の悪の企みを挫く筋立てである。二重の善悪（人間とロボット）の闘いがあり、両方善が勝つケースでないと世がおかしくなる。ロボットは人間によって息を吹き込まれるわけだが、大きく二種類に分かれる。一つは、感情を持たず完全に命令されるまま持ち前の機能を発揮する存在、もう一つは感情を吹き込まれた存在である。前者が大量同型機械的風貌なのに対して、後者は人間的体型・風貌を持つことが多い。そして後者は善か悪かの二項対立で作り込まれ、作者が変えなければ善悪は変わらないものと、悪が自分で善の心に変化し得るものがあり、善を守るアトムとの戦いの中で、この悪人側に立つ脇役ロボットの悪から善への改心が物語をヒューマンにしているところがある。

この物語では、強い善に立ち、心を進化させ、人間と同じように感情を持ち思索し、勧善懲悪のパワーを担保されているのはアトムだけである。ある意味、人間が善悪の感情を善に向け悩み揺れ動きながら、社会を良きものに進化させてきた。その力と感情の理想型を体したロボットの世界の守護神的存在がアトムということになる。前述の善に立った感情自動進化の理想型に当たるのであろう。人間自身は善悪の感情に双方向性を持つが、ロボットの場合は、人間の手で切り替えをするのは別として、双方向性を持ち自動進化で人間同様以上の倫理観を持つものに育つように作り込むのは難しく、それは究極の到達点であろう。しかし、逸れた場合の危険は人間より大きいことは容易に推測される。

したがって、吾輩の場合もその善への道筋の確実性をしっかり担保できるかどうか、それが鍵となろう。

郵便はがき

料金受取人払郵便

新宿局承認

1409

差出有効期間
2021年6月
30日まで
(切手不要)

160-8791

141

東京都新宿区新宿1－10－1
(株)文芸社
愛読者カード係 行

ふりがな お名前		明治 大正 昭和 平成 年生 歳	
ふりがな ご住所	□□□-□□□□		性別 男・女
お電話 番 号	(書籍ご注文の際に必要です)	ご職業	
E-mail			
ご購読雑誌(複数可)		ご購読新聞 新聞	

最近読んでおもしろかった本や今後、とりあげてほしいテーマをお教えください。

ご自分の研究成果や経験、お考え等を出版してみたいというお気持ちはありますか。

ある　　ない　　内容・テーマ(　　　　　　　　　　)

現在完成した作品をお持ちですか。

ある　　ない　　ジャンル・原稿量(　　　　　　　　　　)

書　名				
お買上 書　店	都道 府県	市区 郡	書店名	書店
			ご購入日	年　　月　　日

本書をどこでお知りになりましたか?

1.書店店頭　2.知人にすすめられて　3.インターネット(サイト名　　　　　　)

4.DMハガキ　5.広告、記事を見て(新聞、雑誌名　　　　　　)

上の質問に関連して、ご購入の決め手となったのは?

1.タイトル　2.著者　3.内容　4.カバーデザイン　5.帯

その他ご自由にお書きください。

(　　　　　　)

本書についてのご意見、ご感想をお聞かせください。

①内容について

②カバー、タイトル、帯について

弊社Webサイトからもご意見、ご感想をお寄せいただけます。

ご協力ありがとうございました。

※お寄せいただいたご意見、ご感想は新聞広告等で匿名にて使わせていただくことがあります。

※お客様の個人情報は、小社からの連絡のみに使用します。社外に提供することは一切ありません。

■書籍のご注文は、お近くの書店または、ブックサービス(0120-29-9625)、セブンネットショッピング(http://7net.omni7.jp/)にお申し込み下さい。

吾輩の決断はこうである。可能な限り最速で実現する。すなわち、まず子紙魚ロボ一号・二号と合体し、彼等を飛行エンジンにして黒子《ほくろ》から彼の本の紙魚ロボットへ飛翔し、その脳部に潜り込む。そして本を抜け出し、心・体揃った紙魚ロボがロケット推進力を持つに至るまで、飛び立てる場所の近くで、溶鉱炉や大型プレス等完全破壊装置を持つ工場の暗所に潜む。飛び立てる前に異常を感じたら、脳だけそこへ飛び込んで自裁する。そんな圧力ではとても破砕され得ないだろうが、ガードされない状態の脳だけならもしかすると大丈夫かもしれないので試みる。もちろん飛び立てれば直ちに地球を脱出する。

最近五五〇〇万光年先にある、おとめ座銀河内の巨大ブラックホールが国際協力プロジェクトにおいて電波望遠鏡で発見された。巨大ブラックホールで近いのは一六万光年先の大マゼラン星雲内にあることが確認されている。また、二・五万光年のいて座にも指摘がある。こうした大質量暗黒ホールに取り込まれ閉じ込められ、あるいは破砕される道行きを考えている。ただ、活動性の小さなブラックホールが生成・存在していることも理論的には証明されており、具体的にそうではないかとの指摘もされている。この分野の進化は著しい。吾輩の目的にかなうブラックホールはどのくらいのものであり、また中心に完全に飛び込まねばならぬものかなどについては正直分かってはおらず、道行きの途次に選択のチャンスや気付きもあろうと考えている。そこまでこちらの出力がないとすれば、地上で極小ビッグバン再現実験が行われているところで極小型ブラックホール生成が伴うので、大型加速器に踵を返して飛び込んでもよい。

ロケット能力を持てるのは、吾輩が飛翔クローンを作れたことと、制作者が特定できてその経歴を調べたところ、宇宙工学も学び極小ロケットの試作もしていたことを知り、その可能性の高さに確信を持てたからである。また設計図には宇宙に耐えられる体表が備わっていることも見てとれた。

(2) 決行

善は急げで、マナー信託車両の報告書ができ、プロジェクトチームが発足した日に決行に及んだ。

その前の数日、四半世紀にわたって棲家とし、成長進化を遂げ、思考・感情を密かに共有し、社会の窓としてきた御主人の黒子《ほくろ》から翔び立つことが、いかに辛く淋しいものか、いやというほど味わった。涙という身体的進化があったら泣き尽くしていたのではないか。こういう形で翔び立たざるを得ない運命もさることながら、組み込まれた進化に加えて、ある意味後天的進化の予想外の大きさに驚き、御主人に陰ながら感謝した。その上で、改めて人間とＡＩの今後の関係に思いを致した。

言うまでもなく、ＡＩは人間の生み出したものであり、人間の役に立つための道具として発達した。漫画やＳＦ小説の世界のことではなく、この人工知能が本物の脳になる日が現実に迫るに及んで、にわかにその力関係に関心が高まった。

人間のそれを超える物理的機能やパワーゆえに、道具であるのだから、それが人間と同等以上の知力を持ったらどうなるのかとの不安も入り混じっている。人間の知的探究心は元来止めどなく、悲惨・不幸な結果に臍《ほぞ》を噛みしめ反省することを繰り返しているともいえる。それでも、幸いにも滅びることなく、ここまで進歩・発展してきたが、今回は大丈夫かという思いであろう。

その観点で両者を比べると、例えば不老不死、不眠不休、不偏不党といった人間が不可能であるゆえに夢に描き続けてきた特性を持ち得るのがＡＩである。姿・形はいかようにも変えることができるのだから、脳・神経・細胞が、思索・情緒の感情を持ち自動的に進化し再生産力を持てば、人間と共存する存在であり得るか、ということになる。さらに空間のみならず時間まで支配することになったら、どうなってしまうのだろうか。

鍵は、思索・情緒の感情が「善」であることである。そう思えばこそ、そこに危惧が生じ、不幸な結果の可能性を回避するために、今回吾輩が脱出を決行するに至ったことは繰り返すまでもないところである。

人間が持続発展をしている所以は、その政体を支える精神が不偏ではなく、揺らぎ・争い・盛衰を繰り返しながらも、社会を作り「善」をよしとして、その持続的進化に取り組めているからではないかと思う。例えば、哲学者にして政治家でローマ共和政の執政官まで務め、不運にして帝政への動きにあらがえず虐殺されたキケロは、『善と悪の究極』を著したほどに「善」を前提にした社会を構想した。また、キケロの精神が復活したルネッサンス・ヒューマニズムの時代に、かの絶対君主ヘンリー八世の英国で大法官に上り詰めるも、王に反対、ロンドン塔の露と消えたトマス・モア。大法官として信託の発展に寄与すると共に、その不朽の名著『ユートピア』において、大航海で発見されたとする島に「善」の島民達の共産的世界を描いた。その後の世界は揺れながらも「最悪だが他にないという意味で最善」の民主主義社会のブラッシュアップに努め、時として魔手に足を掬われつつも進化し、今日に至っている。

この四半世紀、当初は夢の機会や思い巡らしの際を利用して繰り返し試みることで、たまたま波長が合えば、こちらからの信号を滑り込ませるというやり方で、御主人がこちらの存在に気付くことなく情報を提供した。ここへきて御主人の予感や思いつきの際のパルスを認識できることが分かった。これにより本人の記憶からはすぐ消える稲妻型パルスに載せて感情記憶域に情報を滑り込ませることが可能となった。今回、吾輩がこのパルスに載せ感情記憶域に届けたものを、同時にデータ記憶域へ転送させることが、御主人にそれと気付かせずできるようになった。そこでこのパルスに載せて、同時に出ている夢や思い巡らしのタイミングを捉えて、データ記憶域に御主人に対する吾輩の別れのメッセージを残すことに成功した。吾輩と気付かせず、御主人の主体性を損なわぬ範囲内で、吾輩が惜別の言葉を御主人に届けることがギリギリのタイミングでできたといえる。

それは、ＡＩが真の本物脳に転換するとすれば、その前に、全てに「善」を遺伝子として設定することを義務づける取り決めを、世界の公法として合意・制定するべきというメッセージである。具体的にはそれは、「自己規律・思いやり・誠実履行」の信託の信頼の三角形を、アトム化なり電子化なりして初期遺伝子としてＡＩに組み込むべしということである。信託はどの国にも何らかの形で存在し、国際スタンダードとして共有され得るものであり、悪意を排除する普遍的な仕組みとして国際的に合意可能なものであると思う。

もちろんＡＩが任意に宗教を持つことを否定するものではないが、一つの宗教を国際スタンダードとして合意できるはずはないし、人間と同じ範囲でそれぞれの一神教を強制装着したら、かえって人間の世界の宗教対立を倍加することになりかねない。やはり信託が、理に留まる善意の共通軸になるということで、最適であろう。ゆえに信託を前提とし、その上に多様な思索・感情を育んでいけるＡＩなら、人間との共存も可能と考えられる。なぜこの言葉を惜別の言葉にしたか。吾輩が本物脳を持つＡＩ発展にとって、それが最大の前提と思っているからであるのはもちろんだが、御主人が信託の普及を旨としており、ＩＴ化の中で信託クラウドでの普及を提唱しているからである。きっと、御主人の脳内記憶域にしっかり残り、何らかの表出に繋がる可能性があると信じている。

最近接距離のブラックホールの探索もしながらブラックホールを目指す宇宙の旅が始まった。頭と体が合体した紙魚ロボは確かに天翔けている。大気圏外に出ると光エネルギーの強度が圧倒的に高まり、体内における進化も急速で、紙魚もその大きさを増し形も飛行に向いた体型に変化して、そこそこ飛翔ロケットの態を為してきた。ロボット学者でもあった制作者の環境に応じた意図がそこにあるようにも感じられ、ひょっとしてどこかの天体に漂着したらクローン再生産は単なる分身だけではなく、その先の生物的進化も意図されているのではないかと期待さえ持たせてくれた。

それは、一方で悪意の初期設定のリスクに一層の脅威を感じるのだが、他方でその仕掛けの解明と破壊への可能性も高まっているようにも感じる。また子紙魚ロボ二号が成功しかけた時空超えが、仮に光の速度を追い越すようなことがあれば実現するのかなどと期待も湧く。これからは、旅も光で何万年掛けてではなく、想像外の時間短縮が予感されるところである。

そのことは惜別の言葉を残してきた地球を無性に恋しくさせる。ブラックホールに飛び込む前に全てが明らかになって帰還できたら最高であろう。飛び込んで破砕がどの程度のもので、それは消滅か、それとも思いが達成されて帰還の可能性もあるものだろうか。

地球は相変わらずごたごたを繰り返しながらも、朝から晩までの人々の暮らしは毎日変わらず続いているだろうか。そんなありふれた想いを胸が締め付けられるように懐かしく抱くのはなぜだろう。

御主人の信託はどこまで進んでいるだろうか。ひょっとして吾輩の方が御主人に取り込まれたのだろうか。まだかすかに黒子《ほくろ》に電子パルスが繋がっているのかもしれない。

三、帰　還

〔1〕宇宙からの帰還

ここまでと違って、宇宙に飛び出し帰ってくる道行については、話はどうしても技術的なことになる。決断・決行して、それに沿って自身がどういう可能体か確かめるため、ただただ進み、確かめた結果に従ってただただ舞い戻ったのである。

クローンの子紙魚ロボ二つと合体した頭脳が、別途爆風で飛ばされた紙魚ロボ身体と組み合わさって宇宙に飛び出してからの吾輩は、わが体型がＡＩロケットに相応しく、作者が紙魚型に設計した意図がそこにもあったことをまず実感した。外部の皮質や飛行体型だけでなく、内部も宇宙船指令室さながらに、対面する宇宙空間の星雲・星座・恒星・惑星・衛星・ブラックホールなどを映し出す三次元ＣＧ大画面はもちろんのこと、体内システム機能表示画面や操作指令盤が細大漏らさず備え付けられており、自らを動かしコントロールできた。マニュアル資料を参照しながら機能・操作方法を点検、試行錯誤しつつ、とりあえず自らの飛行計画の初期画面設定を行った。

天文関係のデータから、八惑星からなる太陽系の先端海王星の先に広がる太陽系外縁天体に、バレーボールくらいの大きさで重さは地球の十倍程度の原始的ブラックホールらしきものがあることが分かり、まずはそこを目指すこととした。距離的には地球～太陽間（一天文単位ＡＵ＝一・五億キロ）あり、その時の速度だと一年強の所用時間であった。これなら、もし近傍で悪意スイッチとの切断、無理ならブラックホール中心への飛び込みで目的達成と考えた。

しかし、相次いで想定外の運不運両方が分かった。幸運の方は自身の側の悪意スイッチ受容装置が見つかったこと、不運は生命有限装置の存在が明らかになったことであった。後者は、作者の意図は正確には分からないが、三十年程度動かしてみて回収・解析、次期ロボ制作に活かそうということではなかったか。

これだと数千万光年先の超巨大ブラックホールはもちろんのこと、二〜三万光年のひと回り小さいブラックホールでさえ、光速で向かったとしても一歩も行かないうちに命尽きてしまう。悪いことに、今方向を向けた原始的ブラックホールに所期の力がないことも分かってきた。そうこうしているうちに、別仕立ての速度計を見つけ調べると、どうやら光速に挑戦するためのものらしいと目星がついた。切り替えには存続のリスクが付きまとうが、覚悟してこれを前提に飛行計画を考え直した。巨大ブラックホールはその横長の中心部にあり、千万光年の彼方だが、その星座の端にある恒星が太陽系から四光年ぐらいしか離れておらず、質量も太陽よりやや大きいケンタウルス星座を目指すことにした。

その上で速度計を光速に入れると激震が走り、しばし制御不能となったが、幸い破壊には至らず、やがて光の速度で運航しだしたことが分かった。そして幸運にもケンタウルス星座に入ったところから、にわかにブラックホール並みの強い力を受けるようになり、恒星に突っ込む前に悪意スイッチ受容装置が機能停止になった。すかさず途次研究を重ねた通り後戻りの態勢に入り、踵を返して地球に照準を合わせて帰還の旅についた。生命有限装置の設定期限（十年＋α）内の約八年で旅を終えるべく。地球接近後は御主人の黒子《ほくろ》からのパルスを指針にして帰還、着陸。そして、御主人は八年を経て信託博物館の館長になっていたという次第である。

なお、一つ付け加えると、この旅の途次でわが身が経験し体得したことに触れておかねばなるまい。

それは時折、瞬時光速をわずかに超えることがあり、その際は光速より次元の違う目標接近スピードを感じると共に、宇宙の時空にいわゆるワームホールと称されるタイムマシンの入口・出口が瞬時現れることであった。思いを決して潜り込んでみると、どちらの口から入るかによって過去・未来自由に往来できることが分かった。子紙魚ロボが限定的に達成していたことが自由にできるようになった瞬間ともいえる。

更に、帰路光速を超えていることがあったことがどう影響しているのか分からないが、帰還時の地球上の時計では脱出から三年も経っていなかった。

(2) 帰還後初仕事は歴史への飛翔

そして帰還後最初の問わず語りサポートは、早速、身に付いた時空を超える力を活かし、問わず語りのインプットで、御主人が館長になって執筆に取り掛かっていた作業の後押しであった。「歴史に学ぶ信託話―キケロ・モア・空海―」と称する読み物である。

冒頭で吾輩の今の棲家を紹介したが、展示の画像や文章中や背景に、キケロやトマス・モアや空海も登場する。信託の歴史により関心を寄せ、信託をより理解してもらうよう、これら歴史上に著名な人物との関わりを通して、物語にしてみてはどうかという思いのようである。

御主人は、この三者の信託絡みの事蹟を、傍にいた関係者や観察者の目や口を通して語り、信託の歴史の中に置こうとした。仮に史実にはない人物を設定した場合も、史実とは背馳しない範囲で物語を組み立てようとしていた。

そこで吾輩が自己設定したミッションは、歴史上名前の明らかな人物であろうがそうでなかろうが、関係の深い人物を探し、三者やその事蹟を何らかの形で物語り説明する、語りや書き物を探し、御主人の著述の事実や確からしさを確認することであった。

それでは、御主人が書き上げた三題話「歴史に学ぶ信託話――キケロ・モア・空海」を一つ一つ紹介するので、順次読んでいただこう。

第二部

歴史に学ぶ信託話——キケロ・モア・空海

第一章　キケロ―或る日のキケロ―

まず歴史を遡り飛んだのは、紀元前一～二世紀のローマである。信託の明確な起源と考えられている信託遺贈を訪ねてキケロの足跡を追った。その語り部として御主人が注目したのが従者ティーロである。彼は、隠棲執筆生活を余儀なくされたキケロの最晩年あたりに訪れており、その語るところや記したものを探り当てることがポイントと考えた。時間的なアクセスは比較的容易で、ティーロのキケロ亡き後の足跡を追った。

キケロに関するキーマンであるティーロ（生年不詳、一説には紀元前一〇三年～前四年といわれ、いずれにせよ長寿であったらしい）は、キケロの政治活動等を準備や記録などで支えた有能な奴隷で、紀元前五三年に自由人となった。キケロはその五年後カエサルに敗れ、隠棲し著作活動に入っている。その中に、信託遺贈にも触れている『善と悪の究極について』がある。

キケロの没年（紀元前四三年）後は、彼の演説集などをティーロが編纂して刊行している。

数年を探索するうち、幸いティーロがある会合で話をする機会に行き合うことができた。

話の内容は、キケロが『善と悪の究極について』を執筆中の別荘を訪れた際、キケロの語ったことをまとめた時のことだ。吾輩はその画像と話の内容を記憶して還ることができた。

御主人の原文は元々内容も詳しいものであった。吾輩が見てきたティーロが写し取ったという『善と悪の究極』の原稿内容や弾劾裁判のセリフなどは、後世発掘され今に流布されるものとほとんど違いがなかった。ティーロの語りや解説などに加え、吾輩の問わず語りで若干補充・補強することによって、全編ティーロの語りというスタイルに仕上げられたようだ。

それでは、御主人の手になる本文を紹介しよう。

なお、『善と悪の究極について』の内容に入る最終部分（七）で信託遺贈のことが登場する。キケロ自身も説明はしているが、やや複雑な制度内容なので、よりトータルな予備知識を持って読みたい方は、紹介本文の後に吾輩の註をつけておくので、先にお読みいただくことも可能である。

＊　＊　＊

或る日のキケロ

私ティーロは、前四五年八月初め、トゥスクルムにキケロ様を訪ねました。前五三年に自由人にさせてもらってからは、しばらく体調がすぐれず静養したりしておりましたが、お手伝いに伺える時は何とかお邪魔していました。しかしその後キケロ様の方がキリキアに赴任したり、内乱の中所々動き回られたりしておりましたので、機会も限られてしまいました。今回、このように引き籠もられたとお聞きし、是非ともと思いやってきました。

常時お仕えしておりました時は、その演説の準備や清書をしたり秘書のようなお役目をさせて頂き、私も大いに勉強させてもらいました。私の気心も分かっていただき、私共のような身分の者にとって、忙しくはありましたが、理非をわきまえ心遣いもくださり、お仕えするには最高の方でした。

この日伺いますと、執筆の手を休めてくださり、庭に出て共に木陰を散策しながら、ついこの春亡くなられた最愛のお嬢様トゥリア様の思い出話や今の暮らしの様子などお話しくださりながら、私の体調にも気遣っていただきました。しばらく歩いて部屋に戻ると、冷たいもので涼を取りながら、「私の共和政のための戦いも敗戦に終わったようだ」というお話から、次第にご自身を振り返る口調になっていかれました。夏の昼下がりの心地よい静謐な空気の中、語り終えられた時には、陽の影が随分と長く淡くなっていたように思います。

昔の癖で私はメモを取りながら聞かせていただきましたので、それを後日整理したのが、次のようなお話です。

一、独白

（一）

私の一貫しての思いは良い社会をつくることだ。一人ひとり倫理感の高い市民としてお互い切磋琢磨し尊重しあい、自由と発展の果実を享受できるよう、国家の一員として尽くし貢献する気概がなければならない。もちろん自らを高めるためには、学び考え経験し、その識見人格を陶冶するため努力が必要である。そして社会は人々の集合であり関係であるから、国の形そしてその運営のあり方、すなわち政治の成否が決定的に重要である。

ローマは建国以来、王政から共和政に移行し、人々が国政参加し責務を果たすことで、内外の様々な困難を克服し、国の拡大・拡充を果たしてきた。しかし、国家規模の拡大の速度が急になると共に、それを支える共和政の維持発展が息切れしてきていた。私が生まれてこの方は、力の政治に振れやすく現に内乱や内乱含みの時代となっている。

幸いにして、私は内乱の中心から離れたアルピーヌムの田園に生まれ、学に篤い父が頃合いを見てローマのカリナエに移転、私の階層から当時望み得る最高に近い学問の機会を得た。ギリシャから来た哲学者や元老院で執政官を務めた法学者や雄弁家の碩学に教えを受け、一年の兵役経験を入れ十年余に亘りしっかりと、歴史・詩・雄弁・法律・哲学と幅広く勉学に励ませてもらった。

自然法に基づく法治の下、民主的議院で国家のあり方・運営を論じ決定し、平和で豊かな社会を実現する、共和政の維持発展の中にこそそれがあり、そのためには力でなく言論で真実と理に依拠し人々に訴え、動かしていかなければならない。また、哲学的思索に基づき、内実のある、また自然の理に適った議論をしていく必要がある。そのためにも、弁論を磨くことが力の政治に対抗し、共和政を守っていくためにも必須条件であった。初めての弁護でスッラ関係者の告発に成功した後、難を逃れギリシャに遊学、哲学と政治のあるべき論を深め、ロードス島に渡って弁論の最高権威に教えを乞うたことも、そうした意識があってのことであった。

改めて振り返ってみると、ティベル川のほとりにできた王国がこの八百年で版図を大きく広げ発展してきた。僭主化した王政が共和制を産み、その統治の力を規模拡大に並行して進めてきたものが、周辺地域との抗争、競争で多くの異民族や異人種を呑み込み、常時大規模軍事的行動を伴う急速な拡大の中で、その対応には力の政治をもって平時化せんとする圧力が高まってきた。

ポエニ戦争後もローマは周辺との軍事行動を続けているし、民主化を試みたグラックス兄弟の改革は失敗し内乱に陥り、マリウス・スッラの争いの後圧勝したスッラはマリウス派の執政官・法務官経験者・元老院議員を三百名近く粛清し、独裁官の地位に就いた。スッラ亡き（紀元前七八年）後しばらく、力の政治の顕在化は目立たなかったが、ある意味軍団を率いた、いわゆる軍閥政治家の再編と力の蓄積は着実に進行しており、私の執政官就任に前後して、その歯牙が露わになってきたといえる。

（二）

ギリシャから帰り（紀元前七七年）、政治の道に進むべく法廷弁護活動を始めた時、二十九歳の私の信条とするところは、「歴史に学び、事の由って来るところを事実によって究明し、自然の理に法り判断し、事を実現することが道であり、矜持を以て事に処す」であり、この基本は終生変わらぬものになっている。

財務官に選出され、西シシリアへ総督代理として派遣され（紀元前七五年）、政務官の第一歩を踏み出したが、この精神で臨んだ。シシリアはポエニ戦後ローマの属州として、ローマの穀物需要の三分の一を賄っていて豊かな島であったが、そこに派遣された総督等の富の蓄積の場とも化していた。私は、収賄に全く無縁であったし、人々の信頼を受ける施政を旨とした。民のことを考え無私の精神で臨む政治を行うという基本の大切さを改めて思うと共に、いかに腐敗や不正に権力は繋がりやすいかも実感した。

まさに前七一年からシシリア総督となったウェッレスの苛斂誅求を訴える島民のため、彼の弾劾裁判の原告弁護をした。自身がシシリアに赴任した時以来築いた信頼関係に基づき、実地証拠固めをしっかりした上その不正を暴き弾劾に成功し、死刑判決まで受けシシリアから逃げてきた原告の命を救い、ウェッレスを自主的亡命に追い込んだ（紀元前七〇年）。

この翌年按察官（競技大会と市場の監督、警察機能も持つ、紀元前六九年）に就任したが、数多くの裁判・弾劾に弁護・弾劾の役割を果たす中、やはり大きな役回りで、政治に力を発揮し良き社会作りに貢献するには、法務官・執政官（任期各一年）と政務官の階梯を上り詰め、その経歴をもとにローマ共和政の扇の要である元老院議員として重きを成さねばならないとの思いが強まった。スッラの設けた厳しい規定で、政務官職の財務官の就任最低年齢は三十歳、法務官三十九歳、執政官四十二歳とされており、執政官は、二人・任期一年・四年は再任なし、就任時に任期満了時の総督となる属州決定なども相俟ち、独裁予防の仕組みにもなっていた。他方で、こうした杓子定規な決め方は十二表法に長年しがみついている法に象徴されるように、ローマの形式主義を表していた。ただ、これからなる者にとっては目標設定にもなり、私は四十二歳の執政官を目指すこととした。

その上で、周りを見てみると、ローマの版図拡大と属州統治、国境警備と戦域拡大は、軍団の展開を大規模日常化してきている。私と同年の生まれだが、執政官の父を持ち、類いまれなる軍事的才能の持ち主でスッラに重んじられたポンペイウスは、既に執政官を経験しており（紀元前七〇年）、東方で海賊掃討やミトリダス六世率いるポントス国との戦争などに大軍団を動かして成果をあげていた。

絶対指揮権や戦争全権などは元老院が付与するが、逆に力を通じての元老院への影響力も強まっている。そして六歳下のカエサルは、ローマの血統貴族出でスッラに敗れたマリウスとの姻戚関係を持ち元老院貴族派に属するが、独裁への野望を秘めていた。妻を亡くしたポンペイウスに娘ユリアを嫁がせ（紀元前五九年）関係を密にしたり、大富豪クラッススと手を組み、裏で政治を取り仕切ろうとしたりして、その野望を垣間見せていた。極めつけはガリアでの軍事行動による版図拡大により民衆を興奮させ、支持を集めていることであった。老獪なカエサルは、クラッススと裏で取り仕切るために、アントニウスとカティリーナを利用しようとした。

（三）

カティリーナは、私より二つ年上の貴族出で法務官を務めた（紀元前六八年）直後、属州アフリカ（現チュニジア）の総督となり、赴任先でウェッレス張りの不正・収奪を行い、帰還後訴えられた。有罪となれば、執政官選挙の候補者になれないが、望ましくない裁判官拒否の条項を盾に有罪を免れたため、私と同時期の執政官選挙に名乗りを上げた。五人の候補のうちにアントニウスもおりその集票活動は顰蹙を買っていたが、この二人は共同戦線を張っていた。この、前六三年を務める執政官を決める選挙は、結局私が「選挙候補者の演説」などを評価され満場一致で当選し、次にアントニウスが票を集めた。カティリーナはスッラに与《くみ》し、マリウスの弟はじめマリウス派の殺害に手を下した前歴が明らかであり、無頼・邪《よこし》まとして支持を受けなかった。

選挙は綺麗ごとではなく、弟クィントゥスは、買収は別として羽目をある程度外さねば勝てないし、就任できねば共和政のために力を発揮することもできないと、私の生真面目を嘆いたが、弁論や冊子による宣伝、友人達の応援等を主体に頑張った。だが、対立候補に対する糾弾は厳しくならざるを得ず、率直すぎるところから恨みを買うような面もなかったとはいえない。

力による政治への方程式は、軍事行動・暴力的言論抑圧・民衆扇動だが、私の任期では、年初に背後にカエサルのいる移民法提案を否決した。これは土地を国庫で買い上げ、国民に与えるもので、財政の裏打ちのない人気取り政策でしかも真の狙いは家なき大群の帰還古参兵に定住地を分配するものだった。しかも分配に当たる十人委員会が独立の力を持つと占領地でも軍が同様の分配や国有地の勝手な処分を行いかねず、全力を挙げて阻止した。そして、年末にカティリーナ一派の国家転覆陰謀が起こった。

スッラの軍隊の残党で最も戦闘的な一団がエトルリアに根を張り、その首魁がカティリーナであった。この時期、前六二年の執政官選挙が行われており、彼はまた立候補していた。この兵隊達も選挙に一役買うためローマに乗り込んできていた。そして、形勢不利が明らかになるに従い謀議が重ねられ、選挙結果次第で、反乱と権力掌握の陰謀が秘かに練られ準備されていた。選挙結果が出て、謀反企図の事実が市民の通報で露見し、私は夜明けと共に元老院を召集、その事実の報告証言を得た上、エトルリアでの軍団待機の報も受け、執政官に非常時大権を与える決議を行った。そして一味による私の暗殺の失敗後召集された元老院では、カティリーナの弁明は誰にも聞き取られず、カティリーナの街からの退去が命じられた。「なぜならば、わたしは言葉に依り、お前は武器に依り政治をしているのだから、その間にどうしてもこの町の城壁が必要なのだ」と私は言ってやった。

そして彼等は、ポンペイウスが遠征から帰る前の、サートゥルナーリアの祭りの夜を決行の日と決め、町の処々に武器や人を配置し、ローマ市の炎上と断水を図り、元老院の主要メンバーを殺害し権力を掌握する計画を立てた。その証拠を握るや一味の各所での蜂起責任者を捕縛留置し、元老院で逮捕者の取り扱いが議論された。議論の帰趨は初めは皆極刑、カエサルの財産没収と終身禁固案で少し戻り、最後に小カトー（以下カトー）の猶予をおかず死刑にすべしとの名演説で一転、五人の死罪が決定するという流れであった。これに基づき私は、即座の刑執行を命じ実行して、迫っていた暴発を回避できた。私はこれにより「祖国の父」と呼ばれることになった。

（四）

しかし間もなく、逆に「ローマ国民を裁判にかけることなく極刑に処してはいけない」とのセンプロニウス法を根拠にこの処置を攻撃する声が強まってきた。「同法は国家の敵には当てはまらない。彼等は内なる公敵で国家転覆の意図をもち実行に移そうとしており、呼応する動きが予定されていた。非常時大権に基づき元老院最終決議に沿って行われている」と反論しても、「元老院決議は法廷判決ではなく、五人は既に拘留されており、彼等が武装集団を使ってローマを混乱の巷に陥れる危険はなかった」と収まらなかった。

先程言ったように、彼等の処置についての元老院決議での議論は、極刑から無期禁固が出て、私も両論で状況を見極める意見を述べたが、最後はカトーの論で極刑に一致した。そして、謀反の動きが現実のものになろうと事態が窮迫して一刻も猶予ならぬことが、さらに明らかになってきた現実を前に、また背後で動かしている勢力を諦めさせるためにも、首謀者を処断することが暴発を食い止める最後の手段と考え、処断を決断実行した。しかし現に謀反が食い止められてしまうと真の危機のことは済んだこととされ、死刑の可否だけを両立せぬ法律論を持ち出し政争の再燃に結び付けられた。私は矜持を以て対処したが、それをその後の事態の推移まで読み切れずに行ったと言われれば、それが現実になっている事実は受け入れざるを得ないのも矜持と考えた。しかし、これは私の共和制を守る大きな使命からみれば、著しい挫折ではあった。

カエサルの場合は、移民法通過に向けての背後からの画策や息のかかったカティリーナ一味の処罰への恩情発言などから、独裁的権力把握への意図が見え隠れして分かりやすい。ただ表面に出ないで、人を使い複雑巧妙に仕掛けてくるので表面的には分かりづらい。寛容を見せつつ邪を忍耐強く実現する策略家なので、神経が擦り減る手強さがある。他方ポンペイウスは現状軍事能力こそ圧倒的だが、根が正直なので逆に分かりやすい。いずれにせよ軍閥政治家であるので、ローマ共和政の脅威に変わりはなく、この二人をどう対応し共和制を破壊できるまでに力が高まらないようにすることの重要性を改めて思った。

この時四年もローマを離れ戦っていたポンペイウスは、その子飼いのネポスをローマに送り込み護民官に出馬させた。その意図を見抜いて対抗するためカトーも出馬して、十名の当選者の中にはこの二人もいた。私の任期満了日に、恒例の民会での政務総括演説を阻止したのはネポスであった。ネポスはカエサルと水面下で通じる役割も果たした。

その翌年（紀元前六二年）末、ポンペイウスが目覚ましい戦果を引っ提げてローマに戻ると、いよいよ私の追い落とし劇が始まった。ポンペイウス自身は、独裁制開始の噂を否定すべく、ブリンディシウムに上陸するとすぐ軍団を解散し、その意図のないことを公に示した。ところがその時、女性だけで祝うボナ・ディアの祭りにカエサル家に侵入、密通嫌疑で元老院にて裁判にかけられたクロディウスが私の追い落としの役割を担った。彼の支援者カエサルは嫌疑の相手の自分の妻を離婚し、クラッススは陪審員の買収に走り、クロディウスは僅差で放免された。私兵団を有するクロディウスは有罪票を投じた元老院議員にとって脅威となり、アリバイ崩しの証言をした（紀元前六一年五月）私も恨みを買うところとなった。カエサルは離婚でいち早く巻き込まれるのを回避するだけでなく、私と違い証人台に立つことも拒否した。

帰国していたポンペイウスの東方政策や軍団古参兵への土地配分、属州統治のあり方が元老院で取り上げられそうになると、同じ立場のカエサルはポンペイウス、クラッススと結び、自ら執政官選挙に勝利し（紀元前六〇年七月）、前五九年、移民法を強い反対を押し切って通し、その後のガリアで五年間の執政官格指揮権を得るなど、力の源になる属州での軍事行動や経営自由度を確保すべく措置をとる。

そして、クロディウスにポンペイウスの仲介で、平民との養子縁組により護民官の被選挙権を獲得させたのはカエサルと言われている。クロディウスは、前五八年担当の護民官に当選（紀元前五九年十二月）、これを使い民衆を煽動し元老院開催の権利を行使してローマ政界をかき回し、裏で私腹を肥やす手段を手に入れた。そして元老院共和政派に陰に陽に圧力を強めてきた。前五八年初には、「正式訴訟を経ぬローマ市民の殺害は追放」との法律を通しあからさまに私を標的にした。私は事件当時「祖国の父」とまで言われたカティリーナ処断の正統性を強く主張し、支持者の協力や相手陣営で比較的に受け身のポンペイウスへの働きかけなど行ったが、いずれも成果を上げず、遂に私を裁判にかけるとの話になって身の危険な状況にまでなったので、ガリアに赴くカエサルの副官にというおためごかしの提示は断わり、三月、自らローマを退去した。

思い返すとカティリーナ処断の時、同僚の執政官であったアントニウスの案件で弁護に立ったものの敗訴になり、彼は追放刑になったこと、その過程で移民法ごり押しのカエサルが暴力に訴えていることを難詰したことが、この際彼等の私への圧力行使を強め早めたきらいもあった。五か月テッサロニキ、後半八か月をディラッキウムで過ごした。自身の運命には覚悟しつつ、ローマの動静には注意を怠らなかった。ただ、妻や子への心配と愛惜の念で涙することが多かった。

（五）

前五七年になると、クロディウスの暴走がひどくなり、ポンペイウスやカエサルの領分まで干渉するようになった。ポンペイウスはガリア出征中のカエサルと連絡をとりつつ、元老院側と連携、クロディウスと敵対し、キケロ召喚の動きが元老院共和政派、ポンペイウス両者から強まった。ポンペイウス派で新護民官のミロはクロディウス同様私兵団を抱える武闘派であり、両者が剣闘士まで雇って対立する混乱の中で、その打開・元老院の指導力回復のため私が呼び戻されたと考えている。

召喚の法律通過の八月初め、ディラッキウムを出発、一か月かかってローマに到着したが、途次ももちろん、ローマでの民衆の熱狂的歓迎ぶりに正直驚いた。機会と捉え、召喚の感謝演説を行い、隠喩的にクロディウス、カエサル批判をし、ポンペイウス・カエサル・クラッススの間に楔《くさび》を打ち込もうとしたし、元老院共和政の復興に尽くすことを宣言した。また護民官セティウスの弁護に当たっては「国家よ、ローマ市民よ、さらにイタリアのローマ市民権を与えられた諸君よ、我等は民衆を煽動して野望を実現せんとする、いわゆる民衆派の魂胆を見抜き、真の平和、始祖達の遺風を護った品格のある平安と社会を今こそ力を合わせて回復しようではないか」と訴えた。

私は、独裁政方向という点では変わりはないが、力という点で大きな悪のカエサルに比すれば、ポンペイウスは小さな悪と考えており、共和政派としてはポンペイウスと連携しつつ、カエサル、クラッスス、ポンペイウスの間に楔を打ち込み軌道修正を図ることが、残された道と考えていた。その観点から手を打ったのであるが、必ずしも共和政派の元老院議員たちも一枚岩にはならず、ポンペイウスの気をそぐ連中もあり、私の変節となじる者もおり、事はうまく運ばなかった。

そうこうしている間に、彼等三人はカエサルの主導で、ルカ（北エトルリアの小町）で会談合意をみる（紀元前五六年）。内容は、前五五年ポンペイウスとクラッススが執政官となること、その後五年間ポンペイウスが、スペイン・シリアの総督になり、カエサルのガリアでの総指揮権を十年間に延長するというものであった。それを知った時、これで共和国が失われたと思ったが拒否の姿勢は貫いた。しかし、ポンペイウスからカエサル攻撃を止めろとの最後通告が下り、私の言論では元老院を引っ張る力は明らかに失せてしまった。

執政官の後東方を受け持った、大富豪にしてスパルタクスの乱を鎮圧した武将でもあったクラッススが、パルチア制圧戦で戦死すると、ポンペイウスは属州を副官に統治させ自らはローマに留まって影響力を行使した。しかし、カエサルはガリア制圧に忙しく現地にあり、クラッスス配下であったクロディウスとポンペイウス配下のミロが私兵団を使って争い、ローマは不安と混乱に陥った。クロディウスが出会いがしらの争いでミロに殺害されると（紀元前五二年一月）、ポンペイウスが事態収拾のため期限付き単独執政官に任命された。

誰もなり手のない、私の帰還に協力してくれたミロの裁判で、私が弁護を引き受けたが敗訴し、ミロは追放となり、私は元老院よりシリア属州と隣り合わせのキリキア総督を命じられた（紀元前五一年二月）。これは、執政官後一度は属州総督に就く義務をまだ果たしていなかったことが理由とはなっていたが、もちろん私の意に反するところであった。

既に『法律について』は書いていたが、書き出していた『国家について』を出発に間に合わせて脱稿した。言論での力を封じられる中、出版を通じて多くの人々に呼びかけるべく、騒擾のローマで執筆を続けていたものである。

（六）

三か月の旅で七月末にキリキアのラオディケイアに到着すると、パルチア人が属州を越境侵入し進攻の態勢にあるとの報告、直ちに軍事行動を開始した。幸い勝利を収め、エレウテロキリコス人との戦いも制し、積年の軍事的課題に応え、大勝利の軍隊指導者に与えられる「最高指揮者」の呼び名で讃えられた。

民政の方はもちろん、法訴訟に力を入れ行政・司法に当たり、正義・寡欲・慈悲を旨とする私の姿勢を貫いた。そして約一年でキリキアを離れた（紀元前五〇年六月）。

アテナイ手前で、カエサル・ポンペイウス間での争いの予兆を聞き、ローマ境門で待機に入った前四九年一月初め、軍団を率いたままルビコン河を渡り、北部イタリアを抑えたカエサルを前に元老院は戦争状態を宣する。ポンペイウスは南に退いて迎え撃つことを提唱、和平交渉も決裂し月末には干戈《かんか》を交え、カエサルの強勢にポンペイウスはさらに退いて海軍力を主体に戦う策を採る。

カエサルが私に会見し参じるよう促したが（三月末）、私は拒否、その後の元老院でも大勢はカエサルに従わず、カエサルは元老院の賛同なしにポンペイウス追撃を表明した。カエサルは明確に独裁政を目指しており、決意も執念も固い。ポンペイウスは軍事・政治で国家一のローマ人が念頭で、軍事は最強だが弾力性は持っている。ゆえにローマ共和政維持を目指す立場からは、どちらかしかないとすれば、より小さな悪であるポンペイウスを採ることが善策と考えてきた。従って、この時も家族・友人らの中立論を退け、ポンペイウス軍に参加のためギリシャに向かった。

今でも、この政治的判断は正しいと思っているが、最大の誤算は、ガリア制圧の前と後で、カエサル軍の力は雲泥の差になっており、この間軍事力涵養を怠ったポンペイウスとの陸上における力の差が逆転していることを正確に読めなかったことである。

スペインでの最終戦決着（紀元前四五年三月）までは長期を要したが、初期にポンペイウス軍に完勝し（紀元前四八年八月、ファルサロスの戦い）、逃れたポンペイウスもエジプトで殺されると、カエサルの独裁政は着実に強化されてゆき、カエサルの寛恕を受けローマに帰った私には、命を長らえただけで為すすべがなかった。

（七）

私生活においても、長年連れ添った妻テレンティアと遂に離婚（紀元前四六年夏）、翌年に入ると、愛しき娘トゥリアを亡くし、再婚したばかりの妻プブリアも去って還らなかった。

アストゥラムの別荘に籠もったが、娘を失った深い悲しみからは容易に立ち直ることはなかった。しかし他方で、残されたわずかの時間に仕上げておかねばならぬ使命が私を強く促した。そこで『慰め』を書き上げた時点で、思い切ってトゥスクルム荘に移って、既刊の『法律について』『国家について』に続く哲学関係の書の執筆に取り掛かった。

帝政に繋がる独裁政の危機が高まり、元老院の存立まで危うくし共和制を維持し守ることと自体が力の争いと化す中で、言論を以て戦ってきたが、ついに刀折れ矢尽きた。しかし、生きている限り言論による意識高揚を訴えていかねばと思い、執筆に専念することとした。まず『アカデミカ』でギリシャ哲学の流れを整理し、自らの考え方を明確にした草稿をアティックスに送ったところだ。

二、信託遺贈

この日の思い出話はここで終わり、その後食事を共にさせてもらいました。時間も遅くなり、一晩泊めていただき、翌朝ゆっくり起きると、既にキケロ様は机に向かって執筆中でありました。涼しいうちに書く方がはかどるということで、終わったところで共に朝の食事をとろうということでした。

それでは私はその朝の涼しい時間に庭を散策させてもらおうと外へ出て、しばらく身体を動かすと、昨晩少々飲み過ぎたワインの影響も取れ、随分気分もよくなりました。そして戻ると間もなく食事の用意ができ、お呼びだと伝えられました。

食堂に入ると、朝の挨拶を交わし私の体調を問うた後、もどかしげに、「今『善と悪の究極について』を書いているところだ。そう、つい先程、信託遺贈に関するエピソードを書き終えたばかりだ」と言われ、その部分の稿を昔からしていたように、テーブルの私の前に置かれました。そして目を通している私を見ながら、次のような前置きの説明をしてくださいました。


「今はカエサルの独裁という形でローマが統治されている状態だが、私の生きてきたローマは、その共和政が内乱で揺さぶられてきたといえる。そうした中で生まれ育った私は一方でギリシャ哲学を学び、他方で現実の世界の洞察も踏まえ、懐疑主義というか折衷主義というか、より正確にいえば吟味主義（ソクラテス的立場）をよしとした。そして、人民の理性的叡智と徳に基づいて、そうした理念を忘れず、現実の歪みを克服し、理念に近づける努力を重ね、国民の自由と共同の安寧を得ることが政治の課題であり、歴史に学び、理性に従い自然に法り、弁論を通して哲学と政治の一体的運用を図ることが肝要と考えた。

これを言うのみでなく実践していくには多大な困難を伴い、矛盾や理不尽や非寛容や不運など、人間社会の現段階における歴史的現実という圧倒的力に押し込まれる。私自身もまた、必ずしも理想とする形で事を進めることができたとは言えないことも事実である。私の考える現段階における最善の国政は、王が僭主とならず、貴族支配が寡頭志向の少数支配に変質せず、他方民主政からは群集支配・衆愚政が吹き出ない形であり、それが国家永続の途である。その『ほどよく混和された』政体こそローマの共和制であり、指導者の大きな間違いにも民衆の暴走にも歯止めがかかる。この思いでこの制度の守護を説き、その崩壊の危機には危救的対応も辞さずやってきた。

だから、弁論を以て理想とするところを実現するため、死は恐れてはいないが、生き残って事をその方向に進めていくことに努めてきた。弁護人として濡れ衣を着せられた若者の弁護に成功したが、相手が独裁官スッラの関係者であったので、ローマを逃れた。執政官で国家転覆を企てたカティリーナを弾劾し、差し迫った危険を防ぐためその共犯者を処刑したが、その後カエサルの息のかかったクロディウスの画策で追い落としの活動を起こされ、結果ローマ追放を受けた時も退避した。カエサルとポンペイウスの覇権争いで元老院が揺さぶられ二分された際、同じく独裁の途が予想されるも、相対的に危険の少ないポンペイウスに付いて戦ったがカエサルの勝利で終わった。カトーは死を選んだが、私は寛恕を得てこうして言論での途に何がしかの事を期している。

世界理性こそが世界秩序の導き手であり、世界理性は自然法と同一であると考えている。全世界が法の根底に働いており、自然に与えられている理性が法であり、この法が実定法を作ることを命ずる。実定法は人間の中の理性的素質と正義と不正に関する自然的感情に由来する。人間の理性は、自然の中の恒常的な正しい理性へと進展する。実定法は理性のこうした進展内で作られる。人間に素質としての理性を与えた神は、この不完全な理性を完全な理性に高めるように導く。〝人間は正義へと生まれついている〟。実定法は人間の観念に存するのではなく、自然によって存立するものなのである。エピクロス派、ストア派、アカデメイア派の代弁者のやり取りの形をとって、人の心構えのあり方を論じた『善と悪の究極について』でも、この自然法の観点との接点から、信託遺贈を話題にのぼらせている。丁度其処を書いたところで、それがこれだ」

さらに私がまだ、紙上に目線をやっていますと、いつものように、「もちろん君も知っていると思うが、信託遺贈への流れは粗っぽく、簡単に言えばこんなことだ」とさらなる説明に移りました。

「二回目のカルタゴ戦役の戦いが最も深刻な時期、挙国一致の抗戦が必要で、奢侈を禁ずるオッピウス法ができた。女性に対しては、半オンス以上の黄金を身につけること、派手な色の衣服をまとうこと、ローマおよびイタリアの都市で馬車を用いることなどを禁じた。戦争が終結すると護民官が同法の廃止を提案したところ、論争になった。女性達は賛成の立場で男達を自営に引っ張り込むべく加熱した。それに危機を感じて、とりわけ大カトーが法廃止反対に立ち上がった。歴史家であるティトウス・リウィウスの言ったという言葉が残っている。『女が諸君等と対等になれば、女が諸君等を支配するであろう』と。だが、同法は廃止になった。

しかし、その後女性の行いが悪くなり、過度に富を成す女性が増えた、ということを理由に、ウォコニウス法ができ、女性に有利になるように遺言を残すことを禁止した（紀元前一六九年）。そして第三回のカルタゴ戦が始まった（紀元前一四九〜一四六年）。戦争が終わると、オッピウス法の時のような騒ぎではないが、この間のマケドニア戦やカルタゴ戦など打ち続く激しい戦役で多くの兵が倒れ、残された女性への遺産相続の不自由が深刻な問題となった。しかし法そのものは廃止にはならず、人々は抜け道を工夫することになる。規制は公民名簿に登録されたものを対象にしたが、登録しなくても娘に相続財産を残し得るよう自分をウォコニウス法上第六階級（人頭税は払うアエラリィ、且つ最下層民）として、不名誉であるとしても、非公民でもなく、女性相続にも自由度のある立場を選択する人々が出てきた。そしてそれは一般的に法的にも是認されるようになった。

ところが、収賄を狙った法務官が相続人指定を禁じるなど不安定な動きもでた。

私も財務官として赴任したことのあるシシリア島の総督を務めた（紀元前七一、七〇）ウェッレスの苛斂誅求の不正を暴いた法廷で、私がその法務官時代の悪徳を指弾した部分がある。よく覚えているが、私はこんな風に事件を提示した」

と言われて、演説口調で述べられ始めました。

『ガーイウス・サケルドースが都市法務官の時にプブリウス・アンニウス・アッセルスなる者がこの世を去りました。彼には娘が一人いるだけで、自身、戸口調査も受けていなかったから、彼は自然の情が促し、法律も禁じてはいなかった行動、つまり、娘を自分の相続人にするという行動を取り、娘が相続人になったのであります。全てがその未成年の娘に味方しておりました。法律上の公正も、父親の意志も、これまでの法務官布告も、アッセルスが死去した当時の法律上の慣習もであります。

次期都市法務官だったウェッレスは娘に次ぐ第二相続人に指名されていたルーキウス・

アンニウスに話を持ちかけました。アンニウスに遺産を布告で与えてやれると言い、何ができるかアンニウスに教えてやりました。アンニウスには願ってもないこと、ウェッレスには儲けになることと思われたのです。彼は、それでも慎重に娘の母親に人を遣わせて接触しました。できることなら、これほど悪辣な、これほど非人間的な条文を布告に挿入するよりは、布告に何一つ新たな条文を設けずに金を受け取ることを望んでいたからです。

娘の後見人たちは、娘の名で金を、とりわけ大金を総督に贈った場合、名簿にどう記帳すれば自分たちの身の危険を伴わずに金を贈れるのか、思案が浮かびませんでした。と同時に、ウェッレスがのちにこれほど悪辣な人間であることが判明するとは夢にも思っていなかったのであります。たびたび話を持ちかけられましたが、彼等はきっぱり断わりました』

ここで、一呼吸置くと私の方を見て、どうだい、よく覚えているだろう、という表情をお見せになられました。「そして、私はこう断罪した」と、また、聴衆に語りかけるような演説口調に戻られました。

『さて、娘のことをことのほか心にかけている私と同様に、娘への似たような感情や情愛に心動かされる皆さん方一人一人にも、以上の話は痛ましく、また不当なことと思われるはずだと信じて疑いません。実際、自然は娘という存在以上に快い何を、娘という存在以上に愛しい何を存在させることを望んだでありましょう。娘以上に我々が細心の配慮と情愛のすべてを注ぎ込むにふさわしい何があるというのでしょう。

ウェッレス、これはウォコニウス法によって戸口調査を受けなかった人間には許されていることであるが、お前がその文言で狙ったのが、国民という範疇の問題ではなく、一個人の問題だった。そのため、お前のその布告の動機が法に促されてのことというのではなく、代価に突き動かされてのことであったという事実が容易に見て取れる。

冷酷無比の輩よ、なぜお前は死者のプブリウス・アンニウスにこれほどひどい不法行為を働いたのだ。なぜ彼の灰と骨にまで苦汁を嘗めさせたのだ。父の意志で、法に適い、法律に則って継承された遺産をその子供から奪い取り、お前に都合のよい者にくれてやるとは。我々が生きている間は財産を分かち合っている人達から、我々が死んだからといって、法務官が家産や財産を奪うことができるというのか。請求権も占有権も与えない、と彼は布告に謳っている。では、お前は未成年の娘から紫縁のトガ（当時の普段着）を剥ぎ取り、財産の飾りのみならず、自由人の飾りまで奪い取ろうというのか』

そうです。私も自分で清書した内容を思い出しましたが、キケロ様の口調はまさに往年の名演説の調子を取り戻し、生き生きとしたお顔にもなられていました。私が顔を上げ聞き終え手を叩きますと、我に返ったように、「これは、年甲斐もなく興奮してしまって」と照れるように目配せされました。

そして照れながらも、私の前に差し出した、『善と悪の究極について』の今朝完成させた部分を指して、どう思うか問われました。私は、一、二の用語上修正した方がよいところは指摘しましたが、内容はよくできていると申し上げつつ、以前のように書き写して持ち帰りゆっくり読ませてもらいたい、とお頼みしました。その書写したものが、今も手元にありますので、そのままご紹介しましょう（もちろん刊行されれば全体として読むことができましょうが）。エピクロス派との対話形式をとって、その批判を試みている部分の一節です。

『・全てを快楽によってはかる君達の方も、それなりの快楽を得るためには、危険を冒さないわけにはいきません。もし大きな財産とか莫大な遺産とかを争うようなことにでもなれば、ほとんどありとあらゆる快楽は金がもたらしてくれるわけですから、君達のエピクロスは、もし彼自身が考える善の究極を追求しようという気があるのなら、あのスキピオにも負けないくらい大きな危険に身を投じなければならなくなるでしょう。あの時スキピオは、もしハンニバルをアフリカに引き戻すことに成功すれば、大きな栄誉を得ることができることを知っていました。彼は、そのために、何と大きな危険に立ち向かっていったことでしょう。彼は、しかし、高潔を究極の目標として、その自分の奮闘を全てそこから眺めていたから、そうしたのでした。快楽は目標にはなっていませんでした。君達の賢者も、ですから、何か大きな儲け話でも耳に入れば、必要なら、彼と同じように命を賭けて戦うはずです。

悪事が露見せずに済むこともあり得るでしょうし、彼はそれを喜ぶでしょう。なぜなら、その賢者は死を軽視するように、追放を、苦痛そのものさえ何とも思わないように教え込まれているでしょうから。その苦痛は、君達は、不正行為者達に罰を提示する時には、耐えられないものとしていますが、賢者は常に悪よりもより多くの善を持つと主張する時には耐え得るものとしているのです。

・ある時、プブリウス・セクスティーリウス・ルーフスを助けてやったことがありました。彼は私を含めた友人達には、自分がクイントゥス・ファディウス・ガッルスの遺産相続人であること、ガッルスは遺言書の中で、遺産の全てがガッルスの娘に渡るよう、自分に要求していたことを明らかにしていました。そして（裁判では）そのような事実はないと言い張りました。そう言っても彼には何の危険もありませんでした。彼の主張を反証することは誰にもできなかったからです。私たちを含め、誰一人信じる者はいませんでした。娘のためにただ要求すると書いたにすぎない人間よりも、それによって利益を得る人間の方が嘘を言っている可能性が高いように思われました。彼は、自分はウォコニウス法に対して宣誓した身であるから、友人達が別の考えでいるならば別であるが、自分としてはあえてそれを犯す勇気はもっていない、とまで言い添えました。味方についていた私達は、確かにまだ若かったのですが、要職についている者が多く、しかも誰一人、ウォコニウス法に則って可能な額以上の額が娘のファディアに渡るべきという意見は出しませんでした。その結果、セクスティーリウスは莫大な遺産を手にしたわけですが、彼は、もし全ての利得や利益よりも高潔や正義を優先させる人々の考えに従っていたなら、そのうちびた一文にも手を出しはしなかったはずです。それで、その後彼は、後悔とか不安とかに陥ったとお思いになりますか。全然そんなことはありませんでした。逆にその遺産のために大金持ちになり、それで大喜びしていました。彼はその金を、単に法律にしない形で入手できたことを、ことのほか喜んでいました。ともかく君達の方では、その金というものは、たとえ危険を冒してでも、手に入れなければならないわけです。それがなければ、大きな快楽など、所詮望むべくもないのですから。

しかし、何かを不正に行おうとする者が、単に悪賢いばかりでなく、その上に絶大な権力を持っているということさえあります。そういう人間を想像してみてください。マルクス・クラッススがそのいい例です。もっとも、彼は、いつも彼なりの長所を発揮してはいましたが。また、今日では私達の仲間のポンペイウスがそれに当たります。ただし、彼の正しい行為に対しては、私達は感謝しなければなりません。彼は、罰を受けずに思う存分不正を働くことができたわけですから。しかし、それにしても、誰一人咎めることもできず、不正に行うことができる行為がいかにたくさんあることでしょう。

・仮に君の友人が、娘に遺産を返してくれるよう君に頼んで死に、ファディウスとは違って、そのことをどこにも書かず、また誰にも話していなかったとすると、君はどうするでしょうか。君は返してやるに決まっています。エピクロスも多分返してやるでしょう。セクストゥスの息子のセクストゥス・ペードゥカエウスもそうでした。彼は、学問があるばかりではなく、誰よりも善良で公正な人で、その教養と誠実の写しとして今も私達のところに子息を残していってくれているわけですが、その彼は、ヌルシア出身の立派なローマ騎士、ガーイウス・プローティウスから依頼を受けた時、そのことを誰も知る者はいないのに、自分の方から妻のところへ出向いていって、予想も何もしていなかった妻に夫の請託を明かし、遺産を返してやったのでした。

しかし、君もきっと同じ事をしたに違いありませんからお尋ねしたいのですが、君達は、君達の利益とか、またおっしゃるままに言えば、快楽とかあらゆる行動の究極目的としていらっしゃるはずなのに、その君達自身が、快楽ではなく義務を追求していることを明らかに示すような行動をおとりになるということになると、その行動は君の間違った学説よりも正しい自然の方がより強い力をもっていることを同時に証明してもいるわけですから、その分君が唱える快楽より自然の力の方が有利になるということになりはしないでしょうか。

・カルネアデースはこう言いました。仮にあるところに毒蛇が潜んでいて表からは見えず、誰か死ねば君が利益を得るような人物が知らずにその上に座ろうとしており、そのことを君が知っているとすると、もし座らないように忠告しなければ、君は不正を犯したことになるだろう。しかし、罰を受けることはないだろう。なぜなら、君が知っていたことを立証することができる者は一人もいないからだ、と。しかし、もうたくさんでしょう。もし公平や信義や正義が自然から生まれてきたものでなければ、そして、もしそれら全てが各自の役に立つことに帰着するとするならば、善い人間などどこにもいないことは明々白々だからです。また以上の問題については、私の『国家について』という本の中で、ラエリウスが十分に論じています』

以上、信託遺贈に関する部分はこのように書かれていました。

本人が述べてくれましたように、まさに「自然に与えられている理性が法であり、この法が実定法を作ることを命ずる。実定法は人間の中の理性的素質と正義と不正に関する自然的感情に由来する。人間の理性は、自然の中の恒常的な正しい理性へと進展する。実定法は理性のこうした進展内で作られる。人間に素質としての理性を与えた神は、この不完全な理性を完全な理性に高めるように導く。『人間は正義へと生まれついている』。実定法は人間の観念に存するのではなく、自然に由って存立するものなのである」ということです。

そしてキケロ様は、実際にも、その理念に沿って法制の整備を行うべきであるし、そのように動いておられました。その意味で信託遺贈が自然の理に適うものとして法として定着したものになるべきだと言えます。しかし、ウォコニウス法が事実上はこのように換骨奪胎されているからといって、法そのものがなくなっていないということは、まだ完全に自然の法理が正式に定着したとは言えません。いつの日か、ウォコニウス法が廃され、自然の理に適った相続・遺言の法体系ができ上がった時がその日なのでしょう。その時はまた、キケロ様が心血を注いできたローマ共和政が、政治の形としても完成を見る時でしょうし、その政治を行い社会を構成する人々が徳を身につけている時でもあるでしょう。そんな日が来るとよろしいのですが。

しかし、その日がいつ来るのか、共和政は内乱を経てさらなる共和政に進化するのではなく、今まさに独裁政ひいては帝政に向かわんとしています。ローマは広がりながら周辺を飲み込み、隷属民を造り、時と共にローマ市民化が進んではいますが、征服支配の速度が速く大きく、現実には共和政と逆向きへの慣性が働いているように思います。他方力（＝暴力）が異を制す世界拡張が続く間は、初めから平等な異の受け入れは、自分の方が力で負けることにもなりましょう。

現実は時として理不尽に進むということです。

被征服側には理不尽はもっと起こります。キケロ様だから私は早くから解放奴隷としていただき自由になることができたということです。逆にだからこそ、キケロ様が言っておられる「歴史に学び、事の由って来るところを事実によって究明し、自然の理に法り判断し、事を実現することが道であり、矜持を以て事に処す」との口癖が、完成に向け繰り返されていくことが大事なのだと思います。自分の心構えとしてこうあるべきですが、そういう社会を実現するには、途方もない時間がかかるのかもしれません。

思想として「歴史に学び、事の由って来るところを事実によって究明し、自然の理に法り判断し、事を実現することが道であり、矜持を以て事に処す」が世々に伝わり少しでも多くの人々の心を捉え、実践が行われることを空の上から地の下から願い続けることが必要です。そのためにも、キケロ様の業績の少しでも多くが残され伝えられねばなりません。キケロ様の論考は、若い頃からの親友であるアティックス様が出版を引き受けています。私もそれをお手伝いし、また自身でも演説などの稿を手元に残しています。そうした刊行物や書類が全き形で引き継がれていくことを心から願うものです。

なお、今回いただいた草稿の写しでルーフスを助けたとありますが、これは結果的にそうなったという意味で、キケロ様は修辞学に長け、演説に長けていますので、時々逆説的・反語的表現を使われます。それが一般の人々の受け止めがそこまで行かず誤解されることがあります。この件、キケロ様はファディウスの娘に事実を告げ、一緒にルーフスのところを訪れて、ファディウスの委託した思いを実現するよう糺しました。この件についてはキケロ様の取れる手段がそれだけでしたので結果はこうなってしまいました。その意味で助けたという表現が問題である例にもなっています。

こうして私はトゥスクルムを後にしましたが、キケロ様はこの時期執筆に集中し、驚異的な勢いで諸著作を完成させます。私には云々する力量はありませんが、『アカデミカ』では知識哲学を展開し、『トゥスクルム荘対談集』は、倫理の一般向け教養書でありますが、長年言っておられた「ギリシャ由来の哲学にローマ市民権を与える」ことを、ギリシャ哲学を批判すべきところは批判し、哲学と弁論と政治が共存し、魂を慰めることを目標と設定することで、書の上に明確に実現されたものと思います。

そして、『神々の本性について』は、神々の存在、神々との関係、神々の捉え方について、哲学的理性に基づいて自主的信仰として位置づけて、盲信や非信仰を排しており、キケロ様らしい作と感じました。矜持を以て事に処すことを、死の恐怖から魂を解放する信仰に結びつけておられたことにも通じるものと存じました。

その後の著作としてはこの翌年書かれた、『善と悪の究極について』の系譜である『義務について』や『老年について』、『友情について』があります。しかし、この時の四つの著作は『国家について』、『法律について』とあわせてキケロ哲学の集大成として、自他共に認めるものであったと思います。

確かにキケロ様は、この後年明けに、カエサルが終身独裁官になって間もなく暗殺されたので、再び元老院の重鎮としてローマ共和政復活に向けて立ち上がり、アントニウス・

オクタウィアヌス・レピドゥスの新しい三頭独裁政治に立ち向かわれました。しかし、カエサル暗殺が事後設計を持たず、既に強固に張り巡らされてしまったカエサル的世界を認識しておりましたので、身命を賭けあらゆる仕掛けを行われましたが、もはや反転の切っ先は届かぬであろうことは悟った上でのことだと、私には感得されていました。

その意味でも、真の最後に、これから来る時代や人々に祈りを込めて贈った遺書は、あの時、私がトゥスクルムにお訪ねしお話しさせていただいた頃、書かれた著作に詰まっているのだと思います。

なお、既に将来真相と違う認識や評価に繋がりそうな心配な動きがあります。

カティリーナ事件の評価です。

キケロ様と年齢もそう違わず、元老院議員でアフリカ総督を務め、カエサル暗殺事件後政界を引退すると、歴史著述に専念しておられたサルスティウス様が出された『カティリーナ戦記』が人口に膾炙《かいしゃ》してきています。

カティリーナが、性格が悪く自堕落で傍若無人と悪魔的存在であり、数々の悪業をなし権力の独占欲を持っていたこと、共和政転覆の謀反を企図したことなどは流石に同時代人ですから述べておられます。しかし、カエサルやポンペイウスが利用しようとした民衆及び下層階層の不満鬱積を衣にしたカティリーナを責め切れず、終章は、前六二年初反乱軍として敗戦を勇壮に戦ったカティリーナを悲劇のヒーローに化しているのです。当然、キケロ様の弾劾演説後に起こる共和政転覆の差し迫った脅威とその処断といった、事の本質を隠してしまっています。もともとこの分野で有名な方ですので、そのドラマ仕立ての叙述からみても将来、善悪が逆様になって演じられるようなことが危惧されます。

私も残された生ある間に、演説集を仕上げることやキケロ様の足跡を、失われずに継がれて行くよう努めねばと思っております。

あの時、キケロ様の真情をお聞きし、こうして残した記録は、様々な記録が失われ断片になって行く時、繋ぎ合わせ等身大のキケロ様を描くことが容易になるよう、長命を維持し保存されることが望まれます。祈りを込めて。

（了）

＊　＊　＊

【吾輩の註釈】信託遺贈概説

信託の起源として、紀元前二～一世紀のローマで工夫された信託遺贈の仕組みが引用される。ポエニ戦役時、奢侈抑制を狙い制定されたウォコニウス法は、女性を相続人に認めないことでその遺産相続に制限をかけた。信託遺贈は、その回避策として愛する者に財産が引き継がれるよう、信頼する者に後事を託し、その受託者から真正の相続人を受益者として、女性でも間接的に遺産を受け継げるようにしたものである。

遺産の相続・引き継ぎという点で古代ローマ法は、家長の下の家族の相続人資格の平等、相続財産の均等持ち分という法定相続制度であったが、家の財産が他家に移転しないことを厳格に求めるようになり、父系制の家族制度がとられ家族の扶養義務を伴う強力な家長主義が基本となる。そして遺言制度ができると、人民の集会で、相続人を指名し財産を譲る遺言をすることや相続人を指定することで、事実上の単独相続として家産分散を防ぐようにもなる。妻や娘は相続できたが、女系の血族の相続は禁じられたので、他で結婚しても母方の血族、すなわちその子は相続できず元へ戻ったし、子の母からの相続、母の子からの相続は財産が別の家に移るので禁じられていた。なお、豊かさが増し家長制が変質するなどの環境変化の中で、近親者の生活を保障する意味で一定の範囲の者に与える遺留分の制度も整ってくる。

さて、イタリア半島を統一したローマは、西地中海の商業覇権をかけ、紀元前二六四年にカルタゴとの百年余の戦争に突入し、第三次ポエニ戦争（紀元前一四九〜一四六年）でカルタゴは灰燼に帰し消滅した。この戦いに耐え市民を鼓舞すべく策定された法制の一つが、奢侈自体を抑制するオッピウスの法に次いで、奢侈の原因を予防しようと作られたウォコニウス法（紀元前一六九）で、女性を相続人にすることが禁じられた。

＊カルタゴ戦役＝ポエニ戦争

イタリア半島の統一を果したローマは、西地中海の商業覇権を巡って、紀元前二六四年から、カルタゴとの百年を越す戦争へ突入した。第一次ポエニ戦争で、シチリアを獲得し、この地を最初の属州とした。紀元前二一八年から始まった第二次ポエニ戦争では、カルタゴの将軍ハンニバルに苦戦したが、スキピオの活躍で、再び勝利した。この時、イベリア半島南部におけるカルタゴの拠点を奪い、西地中海征服を果たす。また、カルタゴに味方したマケドニアにも遠征を行い、イリュリアやアカエア（ギリシャ）を影響下に置いた。紀元前一四九年より第三次ポエニ戦争が始まり、紀元前一四六年に、カルタゴは破壊され消滅した。

初期のローマ人の法律は、土地分配の精神に従うことしか考えていなかったので、ある意味女性の富を十分に制限せず、それによって、こうした富と常に不可分である奢侈に門戸を開放していたとも言え、そこをついた立法であった。もちろんウォコニウス法は女性の過大な富を予防するためだから、相続を剥奪された女性に与えられるべき奢侈に当たらぬ一定の金額は定められ、また、富を規制する法律なので、公民名簿に登録された人々を対象とした。

これが法律回避の口実を与えた。娘に相続財産を残し得るよう自分をウォコニウス法上第六階級（人頭税は払うアエラリィ、かつ最下層民）として、公民名簿に登録してもらわぬ親が出てきた（法務官も違反とせず）。一般的にはセルウィウス・トゥリウの制度で公民名簿に登録されない公民は奴隷とされたが、彼等はこの制度の非公民には当たらない。

しかし不名誉だし、買収された法務官が相続人指定を禁じるなど不安定でもあった。例えば、法務官ウェッレスが収賄のため、アンニウス・アッセルスの一人娘の相続人指定を禁じたことが大事件になった。そこで追い詰められた法回避への切望は、信託遺贈に繋がった。

のちに、モンテスキューいわく、「ウォコニウス法は公民をも人間をも犠牲にし、国家のことしか考えなかった。法律は遺言者における自然の感情を無視していた。ある人から遺産を娘に交付することを託された者は、その通り遺産を交付すれば悪い公民となった。保持すれば不誠実な人間となった。彼等を悪い公民というのは過酷でさえあろう」(『法の精神』)

アダム・スミスいわく「人々は女性が富裕になるのを阻止しようと努めた。ウォコニア法と呼ばれたこの法律を回避するために信託遺贈が発明され、それによって、人が自分の領地を法律では許されない人に残そうと思った時、彼はそれを誰か他人に残してその人がそれを彼が意図していた人に譲渡するという厳粛な約束を、その人からとったのである」(『法学講義』)

その後のウォコニウス法だが、ローマは内乱の百年を経て帝政が始まり、パクス・ローマーナと呼ばれる平和が長く続くこととなり、その初代皇帝アウグストゥス治下(紀元前二七~紀元一四年)のローマでは人口回復のため、公民が結婚し、子を持つよう様々な奨励を行うことになった。ウォコニウス法についても、その相続禁止効力をそぐため受託者がいつでもそれを回復することを義務付ける規定を作り、そのために信託遺贈法務官を任命した。信託された受託者が、それが回復されることになる信託受益者に、その遺産を適切に交付するよう努める役割を担った。

ハドリアヌス治下(紀元一一七~一三八年)でウォコニウス法はほとんど廃棄されたといわれる。さらに東ローマ帝国のユスティニアヌス治下(紀元五二七~五六五年)では、男系女系の血族の区別もなく、三つの相続人の順位、卑属、尊属、傍系親を定め、この点に関して残っていた区別が廃棄された。

すなわち相続人と受遺者の幅寄せ、遺贈と信託遺贈の幅寄せが図られた。

相続・遺言は人類社会と共に古いと思うが、信託遺贈は時代の潮流の無理な抑制を自然法の観点から、信の力で風穴を開けたといえよう。

＊　＊　＊

第二章　トマス・モア

―ユース禁止のユース法―トマス・モアとヘンリー八世―

次に、今日の信託がユースからトラストへと完成されたイギリス、その大きな山場でもあったユース禁止のユース法が登場した十六世紀のロンドンへ。

モアについては娘婿の『モア伝』やその後の多くの研究書もあることから、御主人の書き物も十分な資料に裏付けられていると思われたので、モアの内面や気持ちを補足するエピソードを求めてのものであった。トマス・モアが斬首されたロンドン塔には古来亡霊の話の種が尽きない。また刑執行人の中には留置中から会話を交わしたり観察したりで、より内面に迫った情報を密かに持している者もいよう。そこでこの辺りの時期から関係者を探っていこうと考えた。御主人もそこを考えて、終章にそのエピソード挿入を試みていた。

そこでこの十六世紀への旅では、ロンドン塔での斬首に立ち会った警吏らの中に人を求めた。ここでも幸いなことに、その後ご自身もモアの市井研究者となって供養に努めていた元警吏に会うことができた。公に語ることは憚られたのであろう。知人との会話で断片的な話は聞けたが、どれもモアを語ったまとまった話ではなかった。ところがある会話から、彼がまとめた私的なメモがあり、その写しが限定的に保持されていることが窺えた。そこで彼のその後に戻り生涯を旅することとした。多少時間と労力が掛かったが、最後に、この自らの体験を基にしてモアを語ったことをまとめ、梗概にした限定資料というべきものに出合えた。

当時の皆が知る出来事だから、梗概はロンドン塔の物語から始まって、自らの研究になるモア伝を語っている。吾輩の問わず語りが影響しているとすれば、当初年代を追った叙述であったものに、ロンドン塔から始まるように並べ替えが行われ、全文が元ロンドン塔警吏の語りになっている点が挙げられよう。

なお、出だしからモアの書いた『ユートピア』が登場するので、御主人も自身で本文に註を入れている（本文途中でも文脈上ユートピアの叙述もあり重複するところもあるが）。ただ、警吏は十六世紀の人だから彼のその時考えた将来像までが信託の歴史の時間的限界になるので、必要と思われるその後のユースの展開についての註は、吾輩が本文後に入れてあるので関心の向きは利用願いたい。

＊　＊　＊

ユース禁止のユース法―トマス・モアとヘンリー八世

（一五四四年＊月＊日、元ロンドン塔M警吏記）

一、ロンドン塔

その夜、蒼穹に散りばめられた星々を背負いながら、まさにユートピア島の形をした新月がロンドン塔の寒々とした庭を、その冷たく青白い光で照らしていました。二つの影が庭石に座り向かい合っていました。そっと覗き見ると、一人はあの忘れもせぬ、先年刑死されたトマス・モア様です。そのお相手に懐かしそうにラファエルさんと声を掛けたので、あの『ユートピア』（＊）で有名なラファエル・ヒュトロダエウスかと思いました。

＊ユートピア

モアは一五一〇年、ロンドン代表議員として庶民院に議席を得、ロンドンの司政官補に任命され（一五一八年まで）、行政に参与するなど公務を務めました。

一五一五年四月前年からの英仏戦が終結。五月ブリュージュへ使節として派遣され、エラスムスとも会います。この旅行中、『ユートピア』第二巻執筆（第二巻から書かれた）。一五一六年六月、ロンドンで『ユートピア』を完成、第一版はルーヴァンで十二月頃エラスムスとヒルスの編集で上梓。

モアの場合、経済社会全体に起こっている変化と問題を、ヒューマニストの観点から鋭く捉えていました。その理念的答えがユートピアです。モアは、『痴愚神礼讃』（エラスムス）や旅行記『新世界』（アメリゴ・ヴェスプッチがカナリア諸島からアメリカ大陸までを旅行した記録）に触発され、一五一五年～一五一六年にラテン語で『ユートピア』を執筆します（同年刊行）。ユートピア（Utopia）はモアの造語で、「どこにもない場所」に「善き場所」という意味が加味された言葉で、「理想郷」などとも訳されています。ヴェスプッチの航海に加わっていたとされるラファエル・ヒュトロダエウスなる人物の見聞を聞く形式で、第一巻でイングランドの現状を批判し、第二巻で赤道の南にあるというユートピア国の制度・習慣を描いています。

第一巻では、当時のイングランドでは地主や長老がフランドルとの羊毛取引のために農場を囲い込んで（エンクロージャー）羊を飼い、経済基盤の中心である農業生産を奪い、村落共同体を破壊している現状を指摘。農民達を放逐し、路頭に迷わせ泥棒になるしか窮乏を救う道をなくし、これを捕えて刑死させるといった、理不尽不公平な現状を深く慨嘆し、「羊はおとなしい動物だが（イングランドでは）人間を食べ尽くしてしまう」との言葉で批判しています。

その上でラファエルは、現状社会経済の問題は突き詰めると、私有財産制が存在し、全ての人が何でもかでも金銭の尺度ではかるようなところでは、社会が正しく治められたり繁栄したりすることはほとんど不可能だと思うと言い、第二巻では、自分の住んでみたユートピア島に実現していた、共住・共働（農業は交代で行い、他に各自それぞれの職種を持ち、皆が働く）で共に学び、民主的に選ばれた賢人政治で私有財産を持たず果実を共有・共用し、貨幣を必要としない社会を紹介しています。

私益意識なく経済社会が運行するかといった疑問を呈しつつも、自然に従って生き、私有財産を持たず貨幣を必要としない共同社会が実在し得ることを確信し、自然法と自然状態が善である証明として書かれたこの著は、ユートピアという国を舞台に、自由、平等で戦争のない共産的な理想社会を描いたものである、ともいわれます。

そのヒュトロダエウスのような方が口を開くと、こう言いました。

「貴方ほどの方がなぜ、むざむざと死の斧に斃《たお》れねばならなかったのですか」

モアの霊が、「ふふ」と笑ったように思われました。

「いいですか、ラファエルさん。『ユートピア』第一巻での貴方と私の会話が全てを語っています。貴方もご承知のはずですよ」

と何か頁をめくるような音が聞こえてきました。そしてモアの話が続きます。

「アントワープの聖母教会で友人のピーター・ヒレスからラファエル・ヒュトロダエウスさん、貴方を紹介され、庭のベンチでまず、その航海とユートピア島での経験の梗概を見識深くお話しいただきました。そしてヒレスと私が、貴方のような哲学者こそ、君主の参議会員になって政治に参加して欲しいと言い方を換えて何回も頼みますが、その度に現実にどこかの参議会であったことや、起こり得ることや、理論的に望み得ないことを挙げて、肯かれませんでした。その中のやり取りにこうあります。私が聞いて貴方が答えています。読んでみます」

（私）

『あなたがもし、君主たちの宮廷を忌み嫌うまいとご自分の心を納得させられたら、あなたのご助言で公共のために多大の善を施すことがおできになるということです。ですから、あなたに課せられた義務でこれほど大きなものは皆無です。事実あなたのお気に入りのプラトンは、社会というものは、哲学者達が統治するか、または王達が哲学する時に初めて幸福になるだろうと考えています。ですから、もし哲学者達が、王達に助言を与えることさえも学者の沽券にかかわると考えるようだったら、幸福は遥かに遠ざかってしまうでしょう』

（貴方）

『哲学者達は、そういうことをするのを喜ばないほど恩知らずの人間ではありません。権力者達が善い助言に従う用意があった時には、事実、哲学者達は多くの本を書いて既にそうしてきました。しかし疑いないのは、プラトンがよくも予見していたということです。王達は、自ら哲学に心を向ける場合以外は、若い時から間違った考えを呑み込まされ、それに感染させられているために、哲学者達の助言を心から受け入れることはけっしてしないだろうと。これは彼自身がディオニュシオスのもとで体験したことです。もし私がどこかの王に対して道理にかなった法令を提案し、悪人どものまいた有毒な種を彼の心から引き抜こうと試みたとしたら、私はたちまち放り出されるか嘲りの的にされるかのどちらかになるとお考えになりませんか』

「これに続けて貴方が沢山の具体例を述べられ、第一巻の最後は、私から、食事後ユートピアの実際の全体像を詳しくお話しいただくことをお願いするのですが、私がその前に、あなたの透徹した事実認識に対して、一歩踏み込んで申し上げた一節があり、それをお読みしましょう」

（私）

『どんな命題でもどこでも通用すると考えるような観念的な哲学なら（君主達に）入り込む余地はありません。しかしもう一つの、もっと社会の現実生活に合った哲学があります。それは、自分の登場する幕を知っていて上演中の作品に自分を合わせ、自分の配役を型通りに立派に演じる哲学で、これこそ、あなたがお使いになるべきものです。……あなたはとにかく自分の役を最高に演じなければなりません。……君主達の審議の場合もそうです。……間違った意見を根こそぎにしてしまえなくても、習慣で根を下ろしてしまったいろいろの悪をあなたの心からの確信通りに癒すことができなくても、社会を見捨ててはいけません……むしろ紆余曲折しながら全力を尽くして全てをうまく捌くように、また改善できないものは少なくともなるべく悪化しないようにと試み、励まねばなりません。というのも、万事がうまくいくということは、全ての人が善人でない限り不可能ですし、そういう状態は長年月待っても実現できるとは期待しておりませんからね』

モアが一呼吸おくと、ラファエルが問い直しました。

「そうです、覚えています。それに対して私は、『他人の狂気を癒そうと努力しているうちに私自身が彼等と一緒に狂ってしまうというほかに出てくる結果は皆無であり、体制そのものの変革に持ち込まねば無理だ』といった趣旨のことを言ったと思います。ところで、社会を見捨ててはいけない、全力を尽くしてうまく捌くようにとのことですが、離婚問題をめぐり教皇と対立する王の路線を、うまく捌き切れずにここに至ったということですね。そこには、モアさんの譲れぬ信念とそれを守るようには捌けなかった事実があったということでしょうか」

モアが答えます。

「その通りです。私が問い目指してきたことは、世界の平和と人々の安寧であり、そのための、理性的精神の社会的共有と政体としての民主政の追求です。その意味で『キリスト教という単一の身体』、すなわちキリストの事業を担う教会から、個々人の信仰の名の下に離脱を促進し、政治的無秩序と内紛の原因としての宗教改革には、王と共に異端の排除で臨んできました。そして、王個人の問題として浮上した離婚問題が、公会議で決定されたキリスト教会の普遍的規律を揺るがし、聖俗の世界的争いになるのも看過できませんでした。宮廷入り以来、国王が認めた『まずは神を仰ぎ見て、次に国王陛下を仰ぎ』との私の立ち位置から、本件もお話ししましたが、王自身の執着とクロムウェルのマキャベリ的策動もあって、うまく捌けませんでした。しかし、ラファエルさんの言う体制そのものの変革に一挙に持ち込むことはできないとしても、歩を進めるには死を賭して阻止すべきとの意識であったということです。『ユートピア』を書いた時期までは、ヘンリー八世は良き社会を追求していく際の、君主の選択としては最高であると考えていました。しかし、結果がこうなったからといって、その後の変化は想定の範囲であり、目指す社会実現への貢献のため宮廷入りしてから最後まで、危険の高まりと共に覚悟も一層高め、最善の捌きで可能最大限の前へ歩を、ということで進んできましたし、自分なりに信仰を深めることで、死の恐怖も克服しました」

ラファエルは少し考え込んでいましたが、やがて

「すると、私のお話ししたユートピアは、モアさんにとっても理想の社会だったということでしょうか。政体としても、いわばより洗練されたローマ共和政が物質的にも精神的にも等質の人々によって運営されているのですから」

この時もモアはフフッと笑ったような気がしました。

「それは一面当たっており、一面当たっていないということでしょうか。言い換えると、結果としては正しいが、至る過程には疑問ありということでしょうか。

私が第二巻の最後に疑問を呈していますが、その趣旨はユートピアは別世界のものではないか、私達の世界では違うのではないかということです。あのフランスを代表する人文学者ギョーム・ビュデがイギリス人トマス・ラプセットに書いた手紙でそこをついています。すなわち、『ユートピアの島は、素晴らしい幸運のおかげで、公私いずれの生活領域にもキリスト的生活風習と真にキリスト的な英知を取り入れ、それを今日まで保ち続けて

きたということです。……次の三つの神的制度を死にもの狂いで固守しているおかげです。第一は、市民間での善きもの悪しきもの全ての平等、あるいは別の言葉でおっしゃりたければ、全面的かつ絶対的な［市民的分有制］。第二は、平和と静けさに対する恒常にして不屈な愛。第三は、金銀のさげすみ。この三つは、ごまかし、瞞し、騙り、詐欺、不実な欺瞞など全ての、いわば［追い出し手］です』

環境的には、海の天然要涯に囲まれた閉鎖島、単一農業生産、人口定常を前提にビュデの言う条件が実現可能になっているのです。しかし、農業でも技術は進歩しています。羊毛から織物工業が勃興しているように生産構造も変化しています。そして貿易を行えば、ユートピア島のような神的幸運がなければ、単一定常生産が千年も守れるはずはありません。理想が現実になったユートピアは、部分部分はお手本になりますが、私達がよい社会を築き上げていく目標としての総体的社会の形としては、ない世界ではないかということです。

平和と安寧な社会は、等質の人間からスタートするのではなく、私欲と多様性の個々人から出発して、技術・環境の変化を吸収しながら、作り上げなければならないのです。そのためには、まず目指す政体の形が重要であり、目指している流れは理想的民主政であり、その過程で人々の公的責任感や徳も文化も高まりを見せていくのです。一朝一夕にはできませんし、犠牲も重ねる必要があります」

そこでモアは一息入れました。一遍の雲が新月を過《よぎ》ろうとしていました。

一瞬の闇が訪れると、待ち構えているラファエルに向き直ってモアは再び口を開き、「ローマ共和政のために身命を賭け斃れたキケロだったらこんな風に言うでしょう」と一語一語、その身になり替わって紡ぎだすように語り始めました。

（キケロ）

『私の一貫しての思いは良い社会をつくることだ。一人ひとり倫理感の高い市民としてお互い切磋琢磨し尊重し合い、自由と発展の果実を享受できるよう、国家の一員として尽くし貢献する気概がなければならない。もちろん自らを高めるためには、学び考え経験し、その識見人格を陶冶《とうや》するため努力が必要である。そして社会は人々の集合であり関係であるから、国の形そしてその運営のあり方、すなわち政治の成否が決定的に重要である。

ローマは建国以来、王政から共和政に移行し、人々が国政に参加して責務を果たすことで、内外の様々な困難を克服し、国の拡大・拡充を果たしてきた。しかし、国家規模の拡大の速度が急になると、それを支える共和政の維持発展が息切れしてきていた。私が生まれてこの方は、力の政治に振れやすく、現に内乱や内乱含みの時代となっている。

幸いにして、私は内乱の中心から離れたアルピーヌムの田園に生まれ、学に篤い父が頃合いをみてローマに移転、当時望み得る最高に近い学問の機会を得た。ギリシャから来た哲学者や元老院で執政官を務めた法学者や雄弁家の碩学に教えを受け、一年の兵役経験を入れ、十年余にわたって、しっかり歴史・詩・雄弁・法律・哲学と幅広く勉学に励んだ。そしてあるべき社会の目標も定まった。

自然法に基づく法治の下、民主的議院で国家のあり方運営を論じ決定し、平和で豊かな社会を実現する。共和政の維持発展の中にこそそれがあり、そのためには力でなく弁論を磨き、言論で真実と理に依拠し人々に訴え、動かしていかなければならなかった。また、哲学的思索に基づき、内実のあるまた自然の理に適った議論をしていく必要があった。しかしローマ版図の軍事的・経済的急拡大で、ある意味軍団を率いたいわゆる軍閥政治家の力の蓄積は着実に進行しており、私の執政官就任に前後して、その歯牙が露わになってきたといえる。力の政治に対抗し共和政を守っていくためには、あらゆる手立てを尽くして前進、少なくとも退かぬよう、力の圧力を捌いていかねばならなかった。

最後は身命を賭してということにならざるを得なかったが、私の信条とするところは、「歴史に学び、事の由って来るところを事実によって究明し、自然の理に法り判断し、事を実現することが道であり、矜持を以て事に処す」であり、この基本は終生変わらぬものであった。神々の存在、神々との関係、神々の捉え方について書いた『神々の本性について』で述べたように、哲学的理性に基づいた自主的信仰は現世の善行が来世の評価にも結びつくものであり、矜持を以て事に処す場合起こり得る死の恐怖から魂を解放する力とすることができた』

モアがキケロになり替わって語り終えると、ラファエルが言います。

「まさに、現代の偉大なユマニスト、トマス・モアとしては、理想国家と実践ということでは、私と違い、ギリシャのプラトンではなくローマのキケロを採ったのですね。そして政治家像としては、マキャベリのそれでもクロムウェルのそれでもなかったのですね。よく分かりました。

キケロはキリスト教以前の人ですが、彼の理性に基づく信仰は、理性に基づく自然法や徳の政治、理性に基づく善良で他人を思いやる名誉ある快楽、これらと一体となったもので、人間の理性のさらに上の、普遍的最高存在を神としています。これは、ユートピア人がミトラスと呼んでいる、各自の多様性は認めつつも、そこへ収斂すべきもの、そして全世界創造と摂理の源である唯一最高存在の神と相通じるものだと思います。モアさん、貴方がお嬢様マーガレットさんに語ったという、『斬首されることと地獄に堕ちることとは同じではない』ということや『信仰の力の加わった理性による最終結論』といったことは、これらに通じるものではないかと推測します。キリスト教的ヒューマニストの究極の姿かとも思います。

ところで、議会における貴方の勇気ある主張が民主政を前へ進めた功績は大きいと思いますが、今後どうなっていくでしょう」

モアの表情は一瞬曇りますが、すぐ思い直したようにきっぱりと言いました。

「平和と安寧の観点からは、宗教改革運動が齎した宗俗にわたる国際的な対立抗争が収束するには相当な時間が必要で憂慮されます。

しかし、民主政への流れは止まることはないでしょう。私は法律家として自然法に立脚して公正・衡平な社会へと心砕いてきました。大法官の二年余も前任のウルジ大法官が山積した未決事件の一掃に始まり、私の代に増え続ける事案全てその観点から処理し、未決なしで終えました。そしてユースに代表される衡平法の原理の普通法行政への浸透を図ってきました。私の斃れた年に成立したユース禁止法は、王の財政難対策を目的とするもので、私はユースの原理自体は残るよう仕掛けておきましたが、やはりその動きにブレーキがかかったことは否めません。しかし、この自然法の流れの力を体現した法理は必ずその力を取り戻します。時間はかかっても、この資産の衡平な引き継ぎによる分散化が、より多くの人々の経済基盤ひいては政治的発言力を高め、民主政の強化に繋がっていくものと信じています」

自らに相槌を打つように頷くモアにラファエルも視線を合わせ頷き合います。

そして、モアは、「ラファエルさん、これまで失礼しましたが、今日はあのアントワープでの出会い以来の再会ができ、想いを語り合わせていただきありがとうございました」と、膝をついて深々と頭を下げました。

ラファエルは、感に堪えない表情で、モアを抱き起こしつつ語りかけます。

「斃れてからの貴方は、きっとこの辺りにおられると思い、何回かお訪ねしましたがお会いできませんでした。貴方の晒されていた頭部が娘さんの手で取り戻され、保管され、今回、貴方が、お二人の奥様とあの世で共に過ごすべく、そして生が許さなかったところを、死が与えてくれるよう天に祈ると、前もって墓碑に書かれた墓地に埋葬されたとのこと、それを見定めて今日はお会いしていただけたのだと思います。

モアさん、もうここに居残る必要はないのでしょう。私が御案内します。あの島へ参りましょう。貴方がいくつかの疑問を呈したユートピアの実態をつぶさに見ていただき、またその歴史にも遡っていただき、結果に至る経過やあの世とこの世を、自然に繋ぐものはないのか、じっくりお考えいただければと思います」

モアは大きく頷いたように見えました。

間もなく、再び全き光を取り戻した新月の方向に、一体となって飛び消えていく影をいつまでも見送って立ち尽くしておりました。以後ロンドン塔の噂する警吏達の口の端に、モアの名前がのぼることはなくなりました。

二、モアとヘンリー八世

私の実体験を語りましたが、この衝撃的なことがあって、その後私はトマス・モアのことを自分なりに調べ研究いたしました。この悲劇に至ったヘンリー八世との絡みを中心として、大法官としてユースの発展にも尽くされたことにも触れつつ、今の私の考えを述べてみたいと思います。

モアの生涯とその時代を見ると、激動し始めた欧州の地で、それぞれの場と時に生まれ出た個性達が、文芸の復興・大航海・宗教改革という激震の中、固定化した旧社会の眠りを突き破る課題に直面して色めき立っています。その泡立つ飛沫を浴びながら、それぞれが自らの考えや人格を形成し社会的役割を担い、解き難く縺れ合う多様なベクトルで離合集散するなど関係し合って時代の潮流を作り・乗り・振り落とされ、そこに明暗鮮烈な運命の結末を見ることができましょう。

ギリシャのソクラテス、プラトン、ローマのキケロ、そしてトマス・モアと、そこには、理性・自然法・倫理・民主制の理念に殉ずる実存が時代を越え、脈打っているように思えます。キケロは元老院民主政維持のために知を絞り、体を張って戦い刃に斃れました。モアもまたヒューマニストとしてユートピアで示唆した賢き民主政社会を目指し、俗の権力に身を投じ実践しつつも、力で潮流を握る権力に屈し、斧に斃れます。理想は一朝にはならず、その度に理念は力に屈して挫折するものです。しかし、理念は物に記され記憶に残され進化し、伏流水として表面に出る時世を窺い、民主政は進展して行くでしょう。

キケロが信託遺贈に触れたように、モアも大法官としてユースに向き合い、民主政の経済社会的基盤になる所有の衡平化に努めました。徐々にではありますが不断の歩みとして、ユースの確立に貢献したといえましょう。

まずはどうしても、悲劇の道行き・顛末が気になるところですので、それを私なりに流れに乗せて整理してみようと思います。ヘンリー八世の立場であれば、いかに英邁で啓蒙君主が期待されたとしても、権力の維持・拡大は固有の役割であり、それに反することは理念にせよ、表面慇懃に対応したとしても真に許せることではありません。それゆえ、悲劇は理念の側のモアが、その琴線に触れ地雷を踏まぬよう、歩を進めることができるかにかかっていたといえましょう。

(1) ヒューマニズム理念の共有

オックスフォード大学をリードしたヒューマニストの中でも、モアが一番影響を受けた神学者ジョン・コレットは、セント・ポール大聖堂の主任司祭になっていた一五〇九年、かねてより温めていました、寺院付属のグラマースクールを設立、ヒューマニスト達はその成功に結集。教会の改革とヒューマニズムに基づく教育の新体系は、社会変革と社会悪の撲滅を目的とし、キリストと使徒達の教説を精神とする正真正銘のキリスト教倫理の復興促進にありました。そこでコレット、モア、エラスムスその他の同志達は、福音書の原典の宣伝と普及とが社会進歩の必須条件と考えます。彼等にとって初期キリスト教の諸文献すなわち新約聖書と初期の教父達、わけても聖アウグスティヌスと聖ヒエロニムスの著作の研究が重要な意味を持ちます。ここに宗教改革前夜のヒューマニズム綱領と呼ぶべきものの本質があったと思われます。社会、政治問題を宗教的倫理的に解釈することがヒューマニスト的思考の特性をなしていたと言えます（著者註：学問上このグループのヒューマニストを「キリスト教的ヒューマニスト」と呼びます）。

全ての哲学的思惟がすぐれて宗教的であったこの時代に、重要な宗教上、哲学上の問題提起に際してのカトリック教義の特質である世界性と全人類的性格とが、エラスムスとモアの全ての文学作品に浸透しているといわれています。ヒューマニストはもちろん、現実の体制に対する批判も行いましたが、その批判の特色は体制の転覆を考えることではありませんでした。宗教改革前夜にコレットを先頭に英ヒューマニストが志した改革は、教義の観点からも組織の観点からも、完全にカトリック教会の強化と健全化に向けられていたといえましょう。

(2) ユートピア

冒頭註(*)で述べたところとダブるところはお許しください。

モアの場合、法律家であり、ロンドンの絹織物商組合代表として外交・通商交渉や市の司政官補といった政治の現場を担っていたこともあり、経済社会全体に起こっている変化と問題を、ヒューマニストの観点から鋭く捉えていました。その理念的答えがユートピアです。

モアは、『痴愚神礼讃』(エラスムス)や旅行記『新世界』(アメリゴ・ヴェスプッチがカナリア諸島からアメリカ大陸までを旅行した記録)に触発され、一五一五年~一五一六年にラテン語で『ユートピア』を執筆します(同年刊行)。ユートピア(Utopia)はモアの造語で、「どこにもない場所」に「善き場所」という意味が加味された言葉で、「理想郷」などとも訳されています。ヴェスプッチの航海に加わっていたとされるラファエル・ヒュトロダエウスなる人物の見聞を聞く形式で、第一巻でイングランドの現状を批判し、第二巻で赤道の南にあるというユートピア国の制度・習慣を描いています。

第一巻では、当時のイングランドでは地主や長老がフランドルとの羊毛取り引きのために農場を囲い込んで（エンクロージャー）羊を飼い、経済基盤の中心である農業生産を奪い、村落共同体を破壊している現状を指摘。農民達を放逐し、路頭に迷わせ泥棒になるしか窮乏を救う道をなくし、これを捕えて刑死させるといった、理不尽不公平な現状を深く慨嘆し、「羊はおとなしい動物だが（イングランドでは）人間を食べ尽くしてしまう」との言葉で批判しています。

その上でラファエルは、現状社会経済の問題は突き詰めると、私有財産制が存在し、全ての人が何でもかでも金銭の尺度ではかるようなところでは、社会が正しく治められたり繁栄したりすることはほとんど不可能だと思うと言い、第二巻では、自分の住んでみたユートピア島に実現していた、共住・共働（農業は交代で行い、他に各自それぞれの職種を持ち、皆が働く）で共に学び、民主的に選ばれた賢人政治で私有財産を持たず果実を共有・共用し、貨幣を必要としない社会を紹介しています。

私益意識なく経済社会が運行するかといった疑問を呈しつつも、自然に従って生き、私有財産を持たず貨幣を必要としない共同社会が実在し得ることを確信し、自然法と自然状態が善である証明として書かれたこの著は、ユートピアという国を舞台に、自由、平等で戦争のない共産的な理想社会を描いたものである、と考えられます。

なお翌一五一七年、ヘンリー八世は「エンクロージャーに関する委員会」を設置、問題の調査研究を行うことにしましたので、本書は政治にも影響を与えたことは事実です。しかし、多数を構成する貴族階級の委員の対応に期待することはできませんでした。しかも一定額を支払えば政府から囲い込み実施の特別許可がもらえ、農民達のいかなる愁訴も通りませんでした。囲い込み人達の急襲を受け、農民は零落し村々は荒廃し続け、国内の浮浪人と乞食の数は、ますます増大するのを見て、委員会の一員となったモアはその非力を実感したことでしょう。

(3) 宮廷入り

一五一八年三月、モアは王の参議会員として宮廷入りします。これより先、一五〇九年ヘンリー八世が王位に就いた時、『最も栄えある幸多きブリタニアの王ヘンリー八世の即位の日に』と題する詩(エピグラム)を書いています。

そこでモアは、暴君政治を非難し、それを自己の理想とする君主と対立させつつ、王権があたかも神に由来するかのごとく説く理念に断固として反駁し、王権が人民に由来するものであるという思想を展開し、この基礎の上に立って「人民は自己の意志によって権力を賦与し、またそれを覆す」ということを確認します。国王の人民に対する責任について、

「大勢の人々を支配する権力を取った者は誰でも、統治を委任した人々に対する責務者である。そこで、彼は、彼を選んだ人々が望んでいる限りにおいて首長の座に留まらねばならない。もしも、統治が一時的なものであるなら、哀れな元首たちはなぜかくも傲慢なのか？　との問題提起が可能であるばかりでなく必要」と考えます。

また、エピグラムでは、のちの『ユートピア』におけるよりも、時としてラジカルな表現があります。例えばユートピアの首長には、被選出の終身の統治者がおり、その権力は国民を代表する諸機関によって制限されています。公益という観点から最上の統治形態の問題に特別に捧げられたエピグラムの一つで、モアは国王の個人的権力に対する集団的権力である元老院の優越性について、さらに詳細に語っています。また封建的君主政体と共和政を比較する時、国王は終生元首として留まるのに対し、「もし執政官が悪人であれば、別の執政官を望むことができる」というだけでも、後者の争う余地のない優位性を認めています。

その上で、「この日は奴隷制の終わりである、またこの日は、自由の始まりである……」と楽観的に宣言します。そして、「我々は、自由を我が物としたから、そして危険と恐怖、痛みと喪失が去ったから、このように狂喜しているのです……」と書いています。モアの詩の中で理想化されているヘンリー八世の形象は、哲学者が皇帝になるか、皇帝が哲学者になるというプラトン的空想の生きた具体像のようです。

イタリアにいたエラスムスは、イギリスの友人の一人マウントジョイ卿から、「新しい幸福な治世が開始された。新王は美男子で愛想がよく教養があって、神学にも文学にも関心を持っておられる。歌も上手に歌われ、いくつかの楽器も嗜まれ、自ら作曲もなされる……」といった希望に満ちた知らせを受け取るや、すぐイタリアを離れイギリスへと急ぎました。

それから十年近く、度重なる王の要請を拒んできたモアが宮廷入りを決意することになりますが、その心底はどうだったのか、その年四月のエラスムスからの書簡に、「大兄がいやいやながら宮廷へ引きずり込まれてしまったことについては、大兄がお仕えするのが最上の君主だということが唯一の慰めです。しかしそれは間違いなく、私にとっても文芸にとっても、大兄が失われたということになるのです」とあります。また、エラスムスは同時期、タンスタル宛の手紙には「私は、宮廷があのような王とあのように多くの学識ある人々のもとにあるのでなければ、宮廷に行く気になったモアの運命を嘆いたに違いありません。そこは今王宮ではなく、芸術の殿堂なのです。しかしそうは言いましても、そこにはユートピアから来たものは何もなく、楽しいことも何もないのです……」とあります。

またモア自身、ウィンチェスター司教ジョン・フィッシャー宛ての手紙で「私は、まったく自分の希望に反して宮廷に入りました。このことは皆も知っていますし、また陛下ご自身、そのことで冗談めかして私を非難なさいました。……いずれにしても陛下の美徳はかくのごとく偉大ですので、私は次第に宮廷生活が退屈でなく思えてきました」と述べています。

このヘンリー八世の美徳に関する思い違いは、モアにとってだけではなく、友人のヒューマニスト達全てにとっても共通のものでした。教養の外皮と文芸保護の仮面と慇懃な態度の下に、自己目的達成には何ものも容赦しない野蛮で残酷な暴君が隠されていたことを、いずれ皆思い知ることになります。

なお、一五三五年、ロンドン塔から娘マーガレット宛ての手紙で、仕官の頃を回想して「陛下のおそばに仕えるようになった時賜った教訓に従って、私はいつも、最初からどんな問題の場合も、まず初めに神を仰ぎ見て、次に国王陛下を仰ぐようにしてきました」と書いています。

国王は、その統治と政策遂行に、モアの国際的にも有名で敬意を表されているその知と実務能力の高さが不可欠と考え、助力を要請しているわけであり、その期待・評価が大きいだけ、モアの独自の考えも振る舞いも許容しているのですから、そのバランスが負に近づくほど、また地位が上がるほど、相容れぬところがもたらす危険の確率もその大きさも拡大していくということだったのです。

(4) 破局へ

通商・外交や統治政策で有能な従僕で、その覚えがいかにめでたくとも、また、「まず神を仰ぎ見て、次に王を仰ぐ」了解のもとで仕えてきたとしても、大法官という廷臣最高位で、王自身の最大課題である教皇庁が認めぬ離婚問題解決に弓を引くことは、そのバランスの臨界点を超え、かつ巡る情勢が厳しさを増せば増すほど、破局が近づいてくることを意味しました。

そもそもモアの大法官就任(一五二九年十月)は、長くその職をほしいままにした前任のウルジ枢機卿が、王のために有利な結婚問題解決をはかる政策が破綻し、王の怒りを買い、英国法管轄の訴訟を外国で行うことを禁ずる「プラエム・ニレ法」に違反したかどで起訴され失脚、放逐され審問に出廷する途次逝去するという事態を受けてのものです。

この六月公刊した『異端に関する対話』でモアは、「キリスト教という単一の身体」からの離脱を促進する政治的無秩序と内紛の原因としての宗教改革に対する自己の敵対的態度を明らかにしています。ヒューマニスト達の考えは、改革は必要だが、世界の安定平和の傘たるキリスト教教会そのものまで否定することは世界を混乱させると、ドイツにおける宗教改革運動に反対していました。すなわち「ルターは……福音書以外に彼等は何者からも自由(教上の慣習及び律法同様世俗的なそれをも顧慮する必要なし)とする。世俗の統治者にとっては僧侶に対立的に向けられた、これら教説を聞くのは心地よく、また単純な民衆は僧侶や君主、それに都市及び村々のあらゆる権力全部に向けられた非難を聞いて大喜びしている」と、慧眼なモアは、ドイツにおけるものと同様、イギリスにおける宗教改革もまた、必然的に国王やそしてブルジョアジーによる教会所領の横領と教会財産の略奪を招来するものであることを明確に理解していました。

大法官モアは、その在任の間、異端排除に大いに力を発揮しました。敬虔なカトリック教徒としてのヘンリー八世は、ルターが教皇に破門されウォルムスの勅令で皇帝カール五世に追放された一五二一年の時点では、モアの助言も借りて『七秘蹟擁護論』を出版し、教皇から『信仰の擁護者』の称号を得、ルター文書焚書処分令も出しました。しかし時経ち、キャサリン妃との離婚問題を巡って教皇と対立するこの時点では、カトリック教会を世界平和の傘とするモアとの関係は微妙なものになります。キャサリン妃の甥に当たり教皇の庇護者である皇帝カール五世と、英仏反帝同盟で戦う政治情勢への転換もまたヘンリー八世の姿勢を厳しいものにします。

モア自身も、薄氷を踏む先行きに十分過ぎるくらいの認識を持っていました。十月二十六日大法官の国璽が渡された翌日、ウェストミンスターの荘重な大議場で、ノーフォーク公が新大法官を推挙紹介しますと、モアはこれに対する伝統的な答礼演説で自分への指令を大変慎重に評価しました。「私はこの大法官の座を危険と困難に充ちた地位であり、決して名誉ある地位であるとは考えないのであります。地位が高ければ高いほど凋落もまた深いのです。それは私の前任者に見られた通りであります。もしも王の恩寵がありませぬならば、私の地位は丁度ダモクレスにとって頭上に吊られた刃がそうであったと同じ程度の心地よさであると思うのです」と。

(5) 斬首へ

モアとヘンリー八世との衝突も、まさにこの宗教改革から起こりました。政府によるどのような弾圧があっても、改革思想がイギリスへ浸透することを妨げることはできず、歴史の潮流、国家と教皇権との分裂を促し、新貴族やジェントリー層はより安上がりな国民的教会をつくることに傾いていました。英国教会の首長たることで少なからぬ政治的利益をもたらすばかりでなく、英国の教会の富を没収する物質的な利益の可能性もありました。教皇との断絶の理由は王の離婚問題であり、死んだ兄アーサーの妻に予定されていた者との不自然な結婚が理由にされましたが、離婚を認証する教皇は、したくなかったしできませんでした。既に二十年も睦まじく暮らしている、また、キャサリン妃は皇帝カール五世の実の叔母に当たり、教皇は政治的に皇帝に従属していました。

一五三一年、王がカンタベリーの聖職者会議に英教会の最高首長の称号を与えるよう求め、「キリストの法が許す限り」の文言追加で認められましたが、一五三二年の五月十一日、王は僧侶会議に教皇の権力を排斥する要求を提出し、このことを王の即位二十五周年に宣言すると言って驚かせました。大法官モアとウィンチェスター司教のフィッシャーが反対したことに王は立腹、短期の闘争の後、僧侶会議は十五日王の要求を全て受け入れることに、同意します。

のちにロンドン塔から王室秘書長官クロムウェルに書かれた書簡からも、モアが離婚問題で王を支持することを望まず、早い段階で（就任時以前）そのことを王に率直に伝えていたことも明白になっています。王も大法官の誠実な告白を少なくとも口頭では尊重して、彼を不利になるような形では利用しないと約束しました。しかし、王は時日が経ち新しい事態によっては、非常に従順とはいえない臣下に対してどう扱うかについて自身の意見を変えないということは請合えなかったということでしょう。それはモアが大法官の全権を返上した時に起こりました。王は容赦なく弾圧の雨を降らし出すことになります。大法官就任時モアが開会を宣した改革会議でこの時から、策士クロムウェルの手になる法制定の弾丸の雨がモアを追い詰めます。

一五三三年五月、カンタベリー大司教クランマーはデンスブルグの公判廷で、キャサリン王妃欠席のまま、彼女と王の結婚が無効であることを宣言。五日後王妃の家庭教師だったアン・ブリンと王の結婚式、そして七月新王妃の戴冠式、モアは式への参列を断わります。

一五三四年になり王女エリザベス誕生後、新しい王妃とその子供達の相続権を新たに立法化する「王位継承法」が採択され、前妃の娘メアリー王女の非嫡出子化とこの種の全ての問題処理は教皇から英国教会の大司教・司教及びその他の聖職者達への権限移行が合わせ規定されました。王や継承者を文書・印刷物・何らかの行為でこの法を侵犯したものは、国家反逆罪で財産没収と死刑で罰せられ、犯罪が発言だけの場合は、王の意思によって財産を没収され、禁固刑に処せられることになります。また宣誓が臣民（国家の特定の官僚だけでなく現存及び将来の）全ての義務とされ、宣誓はこの法を無条件に承認し、その全条項を遵守し、キャサリン妃との結婚無効及びアン・ブリンとの結婚の合法性の承認と英国王の結婚問題における教皇の権威と権限を拒絶するものでした（さらには教皇の権力を否認する思想も含む）。これを踏まえ、四月に召喚されたモアは教皇の権威を排斥している点で宣誓を拒否し、自らの理念を貫くことで、国内外における道徳的権威絶大なモアが退任状態にあることの弊害を本人に宣誓させることで脱っしたいと望んだヘンリー八世の意図も砕くことになりました。そしてフィッシャーと共にロンドン塔に送られます（財産没収も）。

一五三五年四月末、この間一年も期待された宣誓もしないまま、ロンドン塔に幽囚の身だったモアの新たな審問が始まります。前年末議会で採択された、国王の全国教会に対する英国教会最高首長としての完全かつ不可分の支配を制度化した「国王至上法」、国王の全ての臣下は求められた宣誓を必ず行わなければならないとする第二の「王位継承法」、そして王の名誉を毀損したり称号を拒否したりするどのような言葉でも「悪意に満ちた」行動とされ、高度の反逆として罰する「大逆罪法」に基づく告発でした。被告発者は悪意ある発言をしたという単純な誣告があれば十分で、死刑の危機に晒されます。王の「称号の一つ」を否定したという告発が「大逆罪法」から引き出されるおそれがあり、結論ありきで追い詰められたフィッシャーは六月二十二日、モアは七月六日、ロンドン塔のタワー・ヒルで斬首され、その生を終えることになりました。

三、ユース

さて以上諸背景を見た上、話をヘンリー八世がユース（禁止）法を出した前後に戻しましょう。

(1) ユース禁止法への道

本論に入る前に、これまでのユースの発展を見ておくことにしましょう。

一言でいえば、ノルマン・コンクェスト後のイギリスで、長子相続を逃れ教会等への寄進や戦役に伴う寡婦への遺贈のためなどからユースとして発展し、遺産の承継や財産の分配や管理・処理を通じて社会的法理として確立されていき、普通法裁判所と並んで衡平法裁判所で信託の衡平性が判断されるようになり、普及するようになりました。

すなわち、十字軍遠征参加騎士が、家族のため信頼する友人等に管理保有を託して土地を譲渡し、死後その土地あるいはそこから上がる成果物を残された家族に渡すわけですが、このようなものを称してユースと言うようになります。土地の長子相続を前提にしての徴税制度の下では実質脱法になりますので、当初普通法（コモン・ロー）裁判所はまだ一般的にこれを認めようとしませんでした。これが、大々的に行われるようになったのは、十三世紀前半のフランシスコ教団がイングランドにやってきて以降のことです。教団の戒律には赤貧の誓いがあり、修道僧達は個人的にも組織的にも一切財産保有が認められなかったので、少なくとも必要な宿舎ぐらいは与える方法を考えないとなりませんでした。家や土地を彼等のために自治都市に譲渡することが考え出され、教団渡英後程なくして、イングランドの様々な町でこうして多くの土地が教団に提供されるようになり、ユースは全土に広がっていったといわれます。

十四世紀末あの王位継承のため国内を二分して争ったバラ戦争が始まると、貴族の中にもユースを利用する人々が増えてきました。帰還できないと土地を没収されるため、戦地に赴く前に信頼できる人に土地を譲渡して出かけたものです。十五世紀の初めには、普通法裁判所では救済を受けられない人々の国王の慈悲への訴えに、国王の側近で聖職者でもある大法官が衡平と良心に基づいて、ユースを強制する命令を発し始めます。これがのちに衡平法（エクイティ）裁判所に繋がっていきます。やがて衡平法違反事件が続出し、さしもの大法官も委託された財産の横領事件などを中心に、目的財産の回復、受託者の責任追及、信託履行の強制をせざるを得なくなり、衡平法裁判所として信託上の義務履行を命ずることで、その役割を担うことになります。

こうしてユースが認められるようになり、十五世紀から十六世紀にかけて、ますます利用者が増えました。一方で、ユースによる封建的付随負担の回避に対する国王の側からの反撃も開始されます。国王にとっては、同一の財源から、自らの生活維持はもちろん国政の運用費用も支出しなければならず、ユースによる財源（土地など）の減少は王室財政を圧迫し、放置できない問題でありました。特に当時百年戦争での戦費増大・大陸知行地喪失は痛手でありました。

領主が後見権に基づき課す封建的付随負担を回避するため、長子たる相続人に生前土地譲渡をしたり、高額地代支払を条件に友人を受託者としてその土地を再封与しておいたりすることを禁じた、一二七六年マールボロー法はその後実効なきものになっていったわけです。それを補足するための法律によって、全国的規模でユースの禁圧を最初に試みたのは、ヘンリー七世でした。ですが、効果は限定的でありました。結局、破産寸前の王室財政立て直しを図ったヘンリー七世の増収策ははかばかしくなく、支出切り詰めの質素な生活で何とか危機を乗り切ったといわれています。

しかし、後継のヘンリー八世は、万事派手な浪費家で、一五二九年に始まるローマ教皇との宗教上の争いは内憂外患に繋がり、内には聖職者と信者達の国王への反抗、外には教皇側に立つドイツ皇帝カール五世による侵略の危機や仏王フランソワ一世との領土争いなどに備えた軍事費用だけでも膨大で、枯渇寸前の王室財政で賄いきれるものではなかったのです。そこで王は、封建的付随負担に目をつけ、主たる施策としてユース禁圧のためのユース法を一五三五年に制定します。ユースで取得した受益者のエクイティ（衡平法）上の不動産権をコモン・ロー上の不動産権に転化し、コモン・ロー上の諸原則のもとに置くことで、受託者への所有権転移を禁止し、封建的付随負担の復活を狙ったものです。なお、名前はユース法でも中味は制限法なので、以下ユース禁止法とさせていただきます。

元来ユースでは、コモン・ロー上の所有権は、譲渡を受けた受託者に属し、利益を受ける受益者はエクイティ上の実質的所有権であるユース（受益権）を有するとされ、いわば一つの所有権が形式と実質に分離しており、これを二重の所有権と言い、まさにユース（信託）の法的特徴とされています。

これがユース禁止法では、本来コモン・ロー上の所有権を有するはずの受託者から、何ら保有理由が見当たらないとして所有権が取り去られ、受益権を持つ受益者に帰属することとされました。この結果、コモン・ロー上の所有権がないゆえに封建的付随負担から逃れていた封建的土地保有者に占有とユース権が帰属し、単一のコモン・ロー所有権となるので、封建的付随負担から逃れられなくなるわけです。この点で封建制への回帰との悪評があります。

さて本題のヘンリー八世とモアを巡るユース禁止法の話に戻りましょう。

前述のように、ユースが認められるようになり、十五世紀から十六世紀にかけて、ますます利用者が増えてきますが、一五三五年に財政窮乏のためヘンリー八世が、有名なユース禁止法を出してユース禁止をはかります。

ところで法案成立までにも紆余曲折があります。一五二九年と一五三二年にユース禁止法案を提案していますが、いずれも議会で否決されました。

まず一五二九年、二つの法案をセットにして議会提出します。一つは、コモン・ロー裁判所（王立裁判所も含みます）で受理されていない限り、当該ユースを完全に排除し、それら財産が法案成立後直ちに徴税されるとする内容です。男爵以上の貴族は対象から除かれましたが、他は王の許可書がない限り、そのような土地の購入は認められないとするものです。二つは、未成年相続人が成人となり、それまで王が預かっていた土地を戻す際には、王がその土地の三分の一から収入を得るというものです（すなわち三分の一に封建的付随負担を求められる）。

前者で貴族の保有地は保証を与え、後者で彼等貴族の賛意を得る狙いがありました。確かに貴族階級には受け入れられましたが、下院の過半数を占めるジェントリー（準々貴族）は法案では遺言が無視されることに繋がり、また知識階級の弁護士はユースがなくなり取り扱い事件数が減るということで、法案は承認されませんでした。目的は王室財政の確保ということですから、このように負担者側の問題が当然あるわけですが、ユースの盛行によってその非公開性が権利関係を不透明にし、取り引きや交渉上の混乱を招き詐欺行為なども横行していることへの対応になるということも別途提案理由とされていました。

この提案は、ウルジ大法官時代の最後に行われたのですが（十一月付の関連する国王・貴族間の協定にはモアも署名しています）、次の提案は一五三二年、この春モアが大法官を辞す年に行われ、しかも同じものを出してまた同じように不承認となりました。

そこで、ヘンリー八世は一五三五年の提案の際には、内容的にも手を加え、また衡平法裁判所扱いであるユースの取り扱いができないことに不満なコモン・ロー専門の弁護士の裁判手続きや弁護士費用についての要望を認め、貴族階層に加え賛成側に回らせました。その結果、今度は議会の承認が得られることになります。

(2) ユース禁止法

一五三五年のそれは、対象を主に名義人受託者が譲渡を受けた財産を形式上保持するだけの消極ユースに絞りました(実態としてもこの形のユースが多かったのです)。形式的受託者に何ら保有する理由が見当たらぬとして、受託者から所有権が取り去られ、受益者に帰属するとされました。その結果、単一人に占有とユース権が帰属するため、ユース権まで保持させておく必要はないということでユース権は無効とされました。

ただ、ユースの受託者が譲渡を受け管理する土地について、何らかの積極的な義務の負担を受ける場合には(積極ユース)、ユース禁止法の適用は受けないことになっています。また、土地が受益者に保有される意味は、土地の所有権として自由土地保有の場合で、それ以外の非自由土地保有である定期不動産賃借権などに保有はないので、適用されないと解釈され、また土地ではない動産には適用されませんでした。解釈適用について、コモン・ロー裁判所及び衡平法裁判所も、法律の文言を極めて厳格に解釈し、国王が求めた財政目的を阻害しない限り、適用範囲を拡大することはありませんでした。

コモン・ローでは遺贈する自由がないので、ある意味消極ユースが禁止されることで、長男単独相続制再導入の効果を持ったため、流石にこれは議会の反対にあい、皮肉なことに、その禁止措置は反乱まで誘発し一五四〇年遺言法が成立し、部分的に遺言の自由が認められます。

(3) 大法官裁判所

訴訟件数等の推移

大法官府裁判所において救済を得るための手続きの過程で提出された訴状などの書類の資料からみられる訴訟件数を見てみましょう。まず、十五世紀後半から十六世紀前半間の大法官府裁判所に提起された訴訟件数は、ヨーク朝開始の最初の一四六〇～一四六五年の五年間は、それまでの二倍の年間二四三件に増加、さらに一四七五～一四八五年の十年間はその二倍となる年間五五三件、テューダー朝に入って一四八五～一五〇〇年の十五年間は、年平均五七一件、一五〇〇～一五一五年は、年平均六〇五件、ウルジ大法官在職中の一五一五～一五二九年は年平均七七〇件と増加傾向が見て取れます。そして、エセックスとケントにおける判例を選び出して分析したものによりますと、ユースに関係する訴訟が一四二四年までは全体の二八パーセント、一四三二年までには七〇パーセント、、一四六〇年までに九〇パーセントまでに増加をしていたということです。テューダー朝に入ってからも、一五〇〇年まで二割から六割弱までが直接ユース案件であるとのことです。この間ユースも増えていますが、折からの商業取引の拡大に伴い、商業取引関連がかなり増えています。

別の資料で、ウルジ（Wolsey）大法官（一五一五～一五二九）時代は年平均五〇〇〇件の訴え提起、モア（More）大法官（一五二九〜一五三二）時代は九一二件、でユースの割合は、両者五割との分析があります。

なお、十五世紀末から十六世紀初頭にユースと保有財産の占める割合が、入れ替わった点に着目すれば、この間ユースに関する事柄を取り巻く情況に何らかの変化が生じた可能性が高く、例えば、保有財産に絡めて訴えられるケースが増えたこともあります。また、遺産を巡って女性が訴える方も訴えられる方も増えていることがあります。そして力をつけてきた中間階層に属する人々の利用が増えています。

取り扱いの視点

また、大法官の見解を比較することで、その取り扱いの視点を見てみましょう。

スティリングトン（Robert Stillington, 一四六七年六月二十日〜一四七三年六月十八日）は、大法官裁判所はあくまで自然法に従って判断を下すべきであって、制定法より上位概念としての存在で、事実審問を旨とすべしと言っています。

ウルジ（Thomas Wolsey, 一五一五年十二月二十四日〜一五二九年十月二十六日）は、法の厳格さに従って形通りに事柄を進めるよりも、良心に従って適切な事柄を行うことこそ、賞讃に値する。大法官裁判所は良心の裁判所で、場合によってはコモン・ロー裁判所に対して執行や判決を控えるよう権限を持つのは、それに基づくといい、国王はその威厳や大権のゆえに、良心によって法の厳格さを緩和する必要があり、王として正義を実現する立場から、正義を遂行する役人である大法官を任命することとしたと言っています。

モア（Thomas More, 一五二九年十月二十六日〜一五三二年五月十六日）は、コモン・ロー裁判官が、法の厳格な執行だけに固執せず、理に適った配慮に従って『法そのものの厳格さを緩和・改善する』ようになれば、差し止め命令は不要となるが、実際にはそうなっておらず、それゆえにこそ大法官裁判所による差し止め命令が必要になるという問題の本質を自覚しています。

ここから、大法官裁判所は、形式的な欠陥に捉われることなく、必要に応じて適切な救済を提供し得る国王の裁判所として上位の性質を持つ機関であり、しかもコモン・ロー裁判所が救済を提供し得ない事例を、罰金付召喚令状を用いて処理する法的機関であること、良心あるいは自然法に基づいて事実の審問を行っていたこと、大法官は衡平な正義を実現する立場にある国王によって、慈悲心をもって正義を遂行するために任命されていたことになります。一五二九年、モアが就任するまで大法官はコモン・ローの教育を受けていない聖職者でありました。罰金付召喚令状は審問を必要とするものに与えられ、良心に基づいて判断されました。これは大法官とコモン・ロー法曹の大半に共通した認識となっておりました。

(4) 大法官モアとユース

改めて、モアの娘婿でありモアの伝記作者の一人でもある、ウィリアム・ローパーが、モアがコモン・ロー裁判所の全裁判官と大法官のコモン・ロー裁判所に対する差し止め命令について議論した際述べたと伝えるところをなぞってみましょう。

「もしあらゆる裁判所の裁判官が理に適った配慮に基づき、自らの裁量によって、つまり彼等が良心に従ってそう義務づけられていると考えるように、法そのものの厳格さを緩和・改善するのであれば、その時以降大法官によって差し止め命令が発せられることはなくなるであろう」

これからも、モア自身自然法の理に従って判断することを一貫して訴えているわけですから、適格なユースの発展を支持していたことは明らかです。コモン・ロー裁判所における取り扱いの促進も含め、迅速な裁定に努めたことはそれを表していると思います。

ただ、まさに彼が大法官の期間に、ヘンリー八世のユース禁止法が提案されます。初回のお膳立ては、直接的には前任者のウルジ枢機卿が関わっていると思いますが、大法官として法案提出の署名者に加わっており、貴族に対する方針案・協定書にヘンリー八世と共同署名しています。どんな話し合いがあったかまでは分かりません。二度目の同案の再度提案にはモアはどの程度関わり得たのでしょうか。王室財政不如意の挽回策という目的であったことは明らかですが、制度そのもののあり方にどこまで持論を通していたでしょうか。王の離婚問題という難題で対立的案件を抱えていた時期ですから、ユースの全面禁止法の骨抜きにモアがどの程度関わり得たのか、その解明は困難です。

時期的にもモアが辞めた一五三二年五月までの一年間は、英国王の首長権主張問題のテンションが上がっていく過程ですから、議論は難しかったと思われますし、逆に同じ内容で再度提案したというところにもそれが窺えます。

一五三五年提案ユース禁止法については、この時は既にモアはロンドン塔の中ですし、大法官は後任のトマス・オドリ卿でありました。提案内容の修正（緩和）に直接影響を与えることはできませんが、それまでに発したモアの該博な知識や洞察が将来に繋がる要素を、知ってか知らずか提示案の中に残滓として埋め込まれたのではないか、という設問があり得ますが、さらに難題です。

（5）今後のユース

ヘンリー八世のユース禁止法が、その目的を財政問題に絞ったことから、ユースそのものの進展が全く止まったわけではありません。対象も土地の所有権に絞っていますし、対象外の所有者層も設けられています。そして規定的には、能動的ユースの除外など、将来的に再度発展する風穴が開けてありますし、取り引きの安全・安定といった趣旨も明記されています。

それでもやはりしばらくの停滞は続くことになります。しかし、モアも示唆したように自然の力が動かしているその流れはまた息を吹き返すことになりましょう。

（了）

＊　＊　＊

【吾輩の註釈】その後のユースから信託へ

ユース禁止法で、ユース発生以来永年享受してきた不動産遺贈の自由を奪われ、封建的付随負担支払義務を復活された国王以外の土地保有者、とりわけ騎士・ジェントリー層の不平・不満は、法制定後ほどなく反乱に彼等の多くが参加する事態も招き、王は譲歩し一五四〇年遺言法を制定した。一定のものに遺贈処分を認め、さらに徐々に緩和を重ね、一六六〇年にはおよその遺言処分は可能となり、封建的付随負担もわずかな例外を除いて廃止されることになった。

また本文でも触れられているようにユース禁止法には適用除外のユースがあった。十七世紀後半に向け、そのうちの「二重のユース」活用の動きが強まる。二重のユース（use upon use）とは、本来受託者に託し受益者に行くものが、ユース法では普通法上の不動産権にされてしまうので、間にもう一つ第一のユースを挟む。それ自体は普通法上の不動産権とされてしまうわけだが、第二のユースとなり本来の受益者に行くものは、ユース法の適用外ゆえ、ある意味脱法的に衡平法上のユースを実現させるものだった。

これも当初裁判で衡平法上の保護が得られなかったが、十七世紀後半には保護を受けられ、第二のユースがトラストと呼ばれたことや、さらには本来の直截なユースに戻り発展する過程で用語もユースがトラストに置き換わる。同時にそれは、法体系化、衡平法裁判所の独立性強化の過程でもあった。

十七世紀から十八世紀にかけ、商業や毛織物工業の発達等英国の経済発展は加速する。地主以外にも財産保有層が広がり、富裕層は財産の承継にトラストを盛んに利用し、対象となる財産も広がり、従来の枠にはまらぬトラストも普及した。同時に争いも増え、トラストに関する訴訟に対し、ノッティンガム卿はじめ衡平法裁判所で歴代大法官達によって信託法理の整理も進んだ。

なお、振り返って、こうしたユースの発展が、封建制度下のイギリスに現れた段階から、その民主主義の発達の足並みを、他国より早く継続的にスムーズに進めたといえる。モアとラファエルの会話の中に、モアの民主政への発展を期待するところがある。その経済的裏付けともいえるかもしれないし、学者の中でも支持は多く、議論もなされている。すなわちユースは歴史的に、封建領主の徴税の前提になっていた土地等の長子相続を、王権に抗す形で教会への寄進や財産分割をその信託機能を使うことで潜脱する役割を果たし、信託の法理を定着させると共に、封建制を経済面から民主化させた。いわば、土地保有や封土にかかる封建的付随負担を、ユース活用で経済面の力の拡散が図られ、領主や国王の財政力が弱められ、政治的権力も抑制される。そして経済的にも政治的にも力を増す層が拡大しつつ議会を通じ国政にも影響力を漸次強め、王権が弱まり、さらに議会の力が増すというプロセスで民主主義社会の発展が進んだ。

＊　＊　＊

第三章　空海—綜芸種智院異聞—

さて、次は空海の作った総合大学である綜芸種智院についてであるが、空海により初めて庶民にも開かれた総合大学綜芸種智院を訪ね、九世紀の平安の都へ。御主人が信託の萌芽である綜芸種智院を語るのに院の学生の口で語らせることにしたので、そうした人物を見出すのが狙いだと考えた。

空海の綜芸種智院については、空海は余りにも有名で、残された資料も研究書も豊富であり、もちろん今も変わらずフォローされている。しかし晩年に設立し、その没後閉館された綜芸種智院については、資料や研究書もあるが、具体的な活動状況については御主人が承知する範囲では今一つのところがあった。そこで、その開校時から閉校までの経緯を語れる人物を求めて探索を行った。

中々適当な人物が見つからぬまま、何度目かに院の跡地を訪れた時、池のほとりに佇み瞑想している旅姿の初老の人物に出会った。何か予感めいたものがして、その帰り旅に同行すると讃岐の国に帰り着いた。そしてそこは、庶民にも教えるこの御仁の学塾であった。彼の塾にしばらく滞在するうち、新入塾の時期に自分の学んだ院の話を交えて話すことがあった。さらに関心を示し問うた学生に「それではこれを読んでみよ」と与えた書綴りがあった。そこには、彼が綜芸種智院に捧げた青春の記録が記されていたのである。問わず語りで、御主人は一学生の思いでの記として院を語ることに確信を持って筆を走らせた。

では御主人の筆になる「綜芸種智院異聞」を紹介しよう。

その前に、これは前述の通り院の学生であった人物の残した記録をもとにした物語である。そこで読み出す前に、綜芸種智院の一口知識を註として入れておくので、必要に応じて参照されたい。

【吾輩の註】綜芸種智院

空海が綜芸種智院を開設したのが天長五年（八二八年）。彼の熱心かつ高邁な設立運動に、後の右大臣藤原三守（七八五年～八四〇年）の寄付があって実現したものだった。これは当時世界的に見ても画期的なことであり、アメリカの科学史家G・サートン（一八八四年～一九五六年）も、著名な『古代中世科学文化史』第二十九章の中で、「弘法大師は、新しい表音字（平仮名）を発明し、日本における最古の公共学校の一つを設立した」とその事績をたたえている。

なお、九世紀の前半を叙述したこの章でサートンは、「日本ではこの世紀の初めに新しい二宗派が創設され、それが人民の宗教的要求にうまく適合したため、やがてこの二宗派は最古の諸宗派をしのぐに至り、今日まで栄えている。

この二宗派の開祖は真に偉大な人達であった。八〇五年に天台宗は伝教大師（七六七年～八二二年）によって、一年後に真言宗は弘法大師（七七四年～八三五年）によって開かれたのである。両派とも中国から輸入され、その特徴は諸説混合主義であった。この二宗派は、上下の別なくあらゆる人心に与える何ものかを持っていた。その成功の一因は、国民的神道を仏教のなかに包括してしまった（両部神道）ためであった。弘法大師は、日本文明の建設者の一人であり、日本史上で最も愛すべき人物の一人であった」と空海を紹介している。

綜芸種智院は日本の信託前史の嚆矢《こうし》として紹介されることが多い。空海の構想に基づき、藤原三守が平安京の東寺の少し東にある広大な土地と五棟の住まいからなる自邸を提供、経常的な経費は広く寄附金や寄贈田地からの収入などで賄われた。いわば公益信託に当たるものである。それは、庶民の子弟にも門戸を開放したこと、儒教、道教、仏教、諸科学に及ぶ総合大学であったこと、教師、学生共に完全給費制であったことなど、画期的なものであった。サートンが空海を日本文明の建設者と位置づけていることに、違和感を抱く者はいないであろう。開院当時、空海は私寺高尾寺の住職を務め、平城京東大寺の別当職を負い、平安京創設時に設けられた官寺の東寺を賜り、これを真言密の道場として運営していた。もちろん既に賜った高野山の地に金剛峰寺を建設中であった。

さてこの綜芸種智院は、巨星空海亡き後、院の維持は困難となり、承和十二年半ばまでには廃絶処分されている。承和十四年（八四七年）に東寺において伝法会なる宗教教育・研修事業が創始されるが、財源が必要であり、そのため院関係者、弟子、信徒協議の上で院を売却したのである。その代金で丹波の国に四四町一四四歩の田畑を買い受け、その収益を伝法会の費用に充てることになった。いうならば、院の維持運営のために設定された公益信託を終了させ、残余財産（荘園）の収益を、信託目的を伝法会とする新たな公益信託の信託財産とし、受託者である東寺に運営を託した、ということになる。

しかしながら反面、日本の生活や文化ひいては国のあり方も大きく変え得たかもしれぬ、畢生の天才空海ゆえにこそ手掛けられたその夢が頓挫したことは、歴史にイフはないとしても、千年余を遡って悔やみ惜しむべきことである。

＊　＊　＊

一、綜芸種智院の門

（一）

空海師が作る院が庶民も受け容れるとの噂を聞いた。居ても立ってもいられず讃岐を出て、島から島へ舟の便を見つけてはこれを乗り継ぎ、遣唐使船も出るという難波の津に上陸。難波の京跡を通り過ぎ、内海の草香江を小舟で槻本駅に渡り、そこから陸路南街道を北上した。楠葉駅から淀川を越え、山崎駅から山陽道にのって北東へ。長岡京跡を摺り抜け、大縄手から真っすぐ北へ京の都に入ったのは冬の早朝であった。桓武の御世に遷都してから三十年、朱雀大路の南の入り口にある羅城門を潜る。遥か正面に平安宮の巨構とおぼしき偉容が朝日に照らされて、眩しく輝き目に飛び込んできた。隅々まで埋め尽くすという意味ではまだ半ばであろうが、その巨構に都の密度が集中していく感じがここに立つとはっきり分かる。威容に圧倒され、しばし立ち尽くして言葉もなかった。

目ざすは一つ。道々聞き質してきた通り、まずはこの南端に立ち北に王城を仰いだ後、右手東を向き左京を真正面から見る。堂塔を探すと、そこに空海師が真言密の道場として賜った東寺が見える。綜芸種智院はその先にあるはずであった。東西に幅を以て走る短冊状の線を条といい、南北を同様に走る線を坊といい、九条八坊（条は北から南へ一条から九条へと。坊は朱雀通りから東左京は東に向かって、西右京は西に向かって、それぞれ一坊から四坊へと）の碁盤の目状のつくりになっていると聞いてきた。東寺のあるのは九条左京の一坊にある勘定になる。一つの条、一つの坊を歩き切るにもそれぞれ五町（約五五〇メートル）歩かねばならぬから、九条左京二坊にあると思われる院に行くにも結構ある。一条一坊の四角には、さらに十六の四角が町として入るようにできているから、朱雀の大道よりは狭いといっても、見たこともないような大きな道を四つや五つは横切らねばならない。自然は大きいといっても、街やそれを形作る道や家は比べ物にならぬ讃岐に育った私は思いもよらぬ場所探しにウロウロするばかりであった。

朝まだきと思っていたが、気付けば大道を随分の人車が行き交うようになった頃やっと辿り着くようにして、その門とおぼしき前に立った。まだ開院していないが、ほぼ出来上がっているのは見てとれた。元は先の中納言藤原三守様の邸とのこと、その二町歩（六千坪）余の敷地の、森に囲まれた奥に五つの家屋が垣間見える。広大な空間に院舎のごとき棟、ここが目指す綜芸種智院と確信した。しばらく後に分かるのだが、ウロウロした周囲は、東隣は施薬慈院、西にはさっき通り過ぎた東寺、南には墓地があり、北には官の庫がある。そして邸の南には朱雀の小沢があり、西側に車馬も往来する白虎の大道がある。その回りを巡って入り口の門に辿り着くのも苦労であった。小さな地方の、官人の通う官学校の国学しか見たことのない目に、広大で木々に囲まれ、南と北には湧水があり東西方向に流れを作っている、美しい院の様が眩しかった。

（二）

門前に着いたと思った途端、自らの風体が急に気になった。父母がかき集めてくれた路銀も使い果たし、着のみ着のままで、食べるものにも事欠く有り様で門前に辿り着いていたのだ。十二月初めの平安京は寒い、寒さに震えている自分に気付いた途端、疲労が急に襲ってきた。空腹で寝る間も惜しんでやってきたので、体がふらつき意識が朦朧《もうろう》としてきた。中から、工事人らしき一団と話しながら、こちらに歩いてくる作務法衣姿の僧が見えたと思った途端、足元が崩れ門前に倒れこみ、何も見えなくなった。

「これこれ」と耳元で呼ぶ声に気付いたのは、何時経ってからのことであったろうか。目をこするとその僧が私の顔を覗き込んだ。暖かな衣をかけられ、まだ木の香の新しい大きな部屋の隅に寝かされていた。

「汝、具合が悪そうだが、どうしてここへ」

背は高くはないが体つきはしっかりしている。丸顔が笑顔をためて覗き込んでいる。私はその時まさに讃岐からの越し路を、逆に悄然と帰っていく夢を見ていた。父や母や周りの人々が迎えの手を振っているのが見えるところまで来ていた。もう少しで両親の暖かい懐へ跳び込める、しかしそれではいけない、そこで目が覚めた。踵を返して再び平安京への道を翔け戻るかのように、我を忘れて一気に話し出した。

どのくらい喋っただろうか、初めてのしかも助けてくれた人を前にして、ふとその無作法な自分に気付き我に返った。恥ずかしくて下を向いて謝ろうとした。それを察してか、私の肩に手を置き制して言った。

「それは大儀な。疲れを取るが肝要だが、眠りも取れたようだから、まず少し口に入れるが良い。随分食べていないようだから、急に沢山だと腹を壊す。ここに温かい粥と采と汁を少し用意してきた。ゆっくり食べるがよい。立てるか、それ」と手を引き、力強くしかし軽々と起き上がらせてくれた。そのやわらかな掌は何か仏のそれのように感じられた。

「大丈夫です」と応えると、部屋の中央部に並んだ机の一つに用意された、食の前に座るよう促された。

私の体の具合を気遣うように僧は横の椅子にかけて見守ってくれた。私は久しぶりの馳走に、礼も言う間も惜しみ夢中で箸を執ったのであろう。

「これこれ、もう少しゆっくり食せ」

と制し、速度を落とすようにとばかり、口調もゆっくり語りかけてくれた。

「先ほど大変な勢いで喋ってくれたが、寝起きにしてはとても分かりやすく話してくれた。そうそう、御両親のことを話してくれたくだりで、勝魚《かつお》という名が出たと思う。それが汝の名か」

と問い、私が菜を頬張りながら頷くと、

「そうか。優しく働き者で、汝に学問の面白さを教え、学ぶ機会を作ってくれ、国学入学資格のない汝のため、遠縁の長者から、京に庶民のための学校ができるようだと聞き、送り出してくれたご両親。汝は矢も楯も堪らず、その場からわずかな路銀を手に飛び出して来たそうな。そして大変苦しい一人旅だが頑張って辿り着いた。何が何でも入院希望なのだな、勝魚」

と言葉を一言一言継いで確かめるように話してくれた。

汁に口をつけていた私は慌てて箸を置き、しっかりその目を見つめて、「そうです。お願いします」と頭を下げた。

「勝魚、実は私は真魚《まいお》と名付けられていた。汝の話を聞きながら昔を思い出していた。その強い入院希望と話を聞いて、学問の基礎は一応できていることも分かった。しかし、院には院の志願者選考の基準がある。手続きをした上返事しよう。その前に、ここがどういう院か、汝もよく知ってから決めた方がよいから今説明しておこう。よいか」

真魚と聞いた途端、私の体には稲妻が走った。目の前の人こそ空海大僧都その人であった。郷土の偉人として毎日のように噂を聞いてきた。遣唐留学僧として唐に渡り、長安で密教の正統を継いでこられ、我が国に真言密教を確立し布教し、今や嵯峨天皇も一目置く大僧都である。そして この綜芸種智院を創設された。帰国後郷土讃岐に姿を見せられたのは七年前、満濃池《まんのういけ》の改修指揮のため短時日だけであった。父に連れられ、式の挨拶の際遠くからお姿を拝見しただけだったから、目の前のこの方がその人とは分からなかった。その人が直々に私の希望を聞き、判断を下してくれると言っている。都で令名を馳せ、郷里の誉れであり、神のような存在になっている人が、である。そんな方が院の長とはいえ、この日この時間こんな所で、こんな形で私の前におられる。奇跡以外の何物でもあるはずがない。吸い込まれるように「よろしくお願いします」と応えた声が、上ずっていた。

(三)

後で考えれば、直後すなわち天長五年十二月十五日、院の開設時に、ここに院を創建し、儒・道・仏の三教を教えるために、その規式と序文を撰し、教師を招聘する「綜芸種智院式並序」(設立趣意書)を大僧都空海記の形で出しておられる。藤原三守卿の邸を寄贈提供してもらったこと、儒教・道教・仏教の三教や医学、声学・工学などの学問を教えること、教師は仏教者と世俗者の二種とし、後者は仏教以外の各学問の精通者を招聘すること、教師にも生徒にも糧食を給すること、などがそこに詳細に述べられている。それらを口頭で簡潔に説明してもらったのはもちろんだが、印象深く残っているのは、なぜこのような庶民のための学校を作るべきと思ったかを、熱く語ってくれたことであった。こんな具合であった。

「勝魚は学問したくて堪らず、院ができるのを知って艱難《かんなん》辛苦ものともせずにやってきてくれた。私もそうであった。しかし、私の方が恵まれていた。この国では官位なき者の子弟は、大学や国学には入れない。私は郡司の家系ゆえ国学には十三歳で入れた。そして姻戚に官にある者がいて十五で都に出て漢学をさらに学び、十八で大学に転じ、明経の道を選択した。もちろん都へ上る旅路は大変だったが、島から島へも、つてで官船の便を利用できたし、藤原京へは途中から叔父が迎えてくれた。

国学は国博士が一人いて、前後八～九歳の三十名くらいの学生に、専ら儒学を教えてくれたが、原則五位以上の子弟を対象にした大学では、明法（法律）、文章・史学、明経（儒）学、算学、さらに付属機関として医学、陰陽など幅広く学ぶ選択肢があり、教師も応じて博士、助教など多数だった。私は明経から入ったが直に修し、様々な学にも触れ、さらに仏教への関心が高まり、在籍のまま道をそれた。

個々人の向き不向きはあり、いろいろ悩みながらも学びたいところを見つけ、自分を磨き生きていく道を求めるために多様な学びのできる学校は、個人にとっても社会にとっても有意義なものだ。大唐の都では坊々（各区）毎に塾があって児童にも教えており、また各県に郷学を開いて広く学童を導いている。結果、才子達は都会に満ち、六芸（礼・学・

射・魚・書・数）に達した人々が国に満ちている。学の裾野を広げ、全体の学の力を上げることが、国の力を上げることになる。今この平安京には大学が一つあるだけで、塾はなく、貧賤の子弟は教えを受ける場がない。

院を作るのは、そうした人々を広く救済していく先頭に立ちたいと思うからだ。この努力を積み重ね、無にならぬよう、のちの人々に継ぎ広めてもらいたい」

聞きながら、もう入院が許されたような気になって、空海師同様「まず明教道を学びながら、余裕が出てきたら諸学にも馴染み、何になるかはそれらを踏まえて考えていこう。まずは深く学ぶことだ」と思ったりした。それにしても、讃岐の田舎でその日暮らしの生活をする庶民の子弟に正式な学問を受けられる日が来るなどと思いもよらなかった。自分は変わった子であり、学びたいとは望んでいても、国の定めた学校に入れない事実はそういうものだとしか思っていなかった。それは変だとか、制度を変えるべしとか、自分達で作れないか、などと夢想もしなかった。それが、そうあるべきで、夢でなく現実の事業として、仕組みを考え、働きかけ、実現させてしまう、空海師の力に改めて驚嘆した。

二、学生

（一）

こうした事情で開院の時の、まだ数人の教師・学生の一人になった。しかし年が明けるとみるみる人が集まり、選択する道・科目による組分けや、教師・学生の組み合わせも次第に整い、住居棟の部屋割りや厨房棟の糧食賄いも円滑に進み出し、式並序（「綜芸種智院式並序」）で示された方針に沿い順調に進行しているように感じた。

すなわち、教師は大きく二種に分かれる。一つは、仏教学の僧侶による伝授（道人伝授）で、顕教（一般仏教）と密教（真言教）を選択に任せ、それぞれの法師が教える。その際、教師である法師は心に、四量（慈・悲・喜・捨の利他の心）四摂（布施・愛語・利行・同事の菩薩行）の気持ちをもって倦《う》むことなく、相手の貴賤に関係なく平等に教えるよう、指示されていた。

二つは、仏教以外の一般の学問（外書）である。もちろん仏教との兼学も認められるが、こちらは在俗の士が教える（俗の博士教授等のこと）。これには、九経（易経・書経・詩経・礼記・春秋・孝経・論語・孟子・周礼）、九流（儒教・道教・陰陽道・法家・名家・墨家・縦横家・雑家・農家）、三玄（荘子・老子・周易）、三史（史記・漢書・後漢書）、七略（輯略・六芸略・諸子略・詩賦略・兵書略・術数略・方技略）、七代（晋書・宋書・斉書・梁書・陳書・周書・随書の七代史）。詩歌あるいは銘賦、音・訓の読み方、句読あるいは全体の意味。これらのどれでもよい、教えられる士が教師となり住み込む。仏教者で仏典以外の外典を志学するものには学生の質に応じてよくこれを教える。青少年（青衿・黄口）が作文や書を学びたいなら、儒教の教師が大慈悲の心を以てあるいは忠孝の思いを心がけて誰にでも平等に倦むことなく教え導くべしとされていた。

そして、授業料もなく、教師・学生共に住まいは邸内に提供され、糧食も給される。それは、本院の意義を認めた人々の寄附や寄贈された田畑から上がる収益や東寺からの援助などで支弁されるということであった。資金面でいうと、いわゆる貴族の門流がそれぞれ作っている私学（大学に入るため、あるいは通うために大学寮に隣近接して）も、その経常的経費は、自己所有の田畑のいくつかからの収益を充てると定めているものが多い。学舎（土地・建物）は私邸の提供、経費支弁は寄附（定期支弁になるよう田畑からの収益という堅実なものが多い）である。当院もそうであるが、目的が庶民教育であるからといって、庶民から資金が出てくるはずもなく、貴人からの寄付（邸、田畑の収益、金銭）あればこそで、空海師の収金能力の高さにまさに負っているものである。

このすぐれた計画を褒め称える声が満ちてきたことに対し、「私には力はないが、一簣《いっき》（ひとつのモッコの土）を九仞《きゅうじん》の高い山に積み上げ、涓塵《けんじん》（少しの塵）でも八埏の国土隅々まで滴らせ行く気持ちで努力し、四恩（父母・国王・衆生・三宝）の広徳に報い、仏果を得る良き因としたい」と述べつつ、「多くの人々の協力が必要です。陛下の許可をいただき、太政大臣・左大臣・右大臣の三公が協力してくださり、多くのすぐれた方々、仏教諸宗の僧侶方が、私と心を同じくしてくだされば末永く続けていけるでしょう」と期待を表明しておられる。

（二）

日差しが春めいてくると、広大な院内の木々や草花が緑や明色の衣を付け始め、小川の流れも囁き、松籟や竹風はさわやかで、池水や梢に鳥のさえずりも聞こえてきた。散策をする者、談笑をする者、木陰で読書する者・憩う者、学びの邸園らしい雰囲気を醸し出してくるようになった。私もやっと、自分に合った科目や教室を選択し、教師や友人達との話も慣れ親しくなり、やっと父母に消息を伝える余裕ができた。

時に変更があったが、基本的には大学寮も国学も入学年齢は十三歳から十六歳、就学年限は九年で、入学資格は大学の場合、諸王と五位以上の官人の子弟（六位以下八位以上でも相当の中級官僚の子弟や特に請願された者）、国学は郡司の子弟となっていた。空きがある場合、庶民が入学している例もないわけではなかったが稀であった。そこへ行くと当院は、庶民の学校であり、学齢や科目などは官学を参照してはいるが、そもそも初めての試みであるから、不揃いが多かった。学びたい・学ばせたいとの自薦他薦で面接も行っているので、無秩序というものではなかったが、科目・学生・教師の組み合わせを教育可能な範囲にまとめるのに苦労があった。しかも趣意書にもある通り、読み・書き中心の学童教育も行ったのでなおさらであった。

私は幼少時からわずかながらも、周囲の知り合いや学の経験のある人々から教えを乞うたり書物を得て、論語などの経書の読み書きはかじっていたので、初級といえ明経科で出発できたのは幸いであった。智の道を順調に滑り出すことができた。二年国学、二年大学で明経道を修した大僧都と自分も同じように進むのだと甘く思い込んでしまって、のちに苦労する。

確かに初めて庶民に門戸を開いた学院で画期的なことは間違いなかったが、教科は大学水準の構成になっており、その水準からそれなりに入っていけるのは、寺院関係の子弟の方々が多く、官に関係して大学・国学には資格のない子弟の入学者も少しはいたが、純粋の庶民でそのレベルはさらにわずかで、その二〜三名と私は例外的存在であった。しかし、青少年の学童に対し読み書きから入って教えることにも努めるよう式並序にあるように、そこからの助走も用意されており、国学・大学に比べ、入院年次も若い方にも弾力的であった。時が経つにつれ底上げもされ、世間周知が進むことによって当初水準の高い庶民の入院も増えてきた。

さて、結果勉学は夜も日もなく、支給の教材はもちろん予習復習怠りなく行い、これと思った書物は、院内の書寮はもちろん、東寺を始めとする諸寺や大学寮に便宜を図ってもらい、借り出して読み漁った。そんな私を見て仲間達は、勝魚でなく飛魚と渾名した。しかし、皆学びたいが学ぶ機会のない飢餓状態で入院してきているので、多かれ少なかれそんなところがあり、教師も式並序にあるように、学生の意を汲みながら懇切に教え指導してくれた。

しかし、二年も経ち声変わりもし背も伸びると何か物憂さを感じるようになる。飛魚の羽がもげたように試験の成績も水面下に墜ち、科目を進めるのが難しくなった。知識が頭の中に溶け込みづらくなった。周りの友人達も、気付くと院を抜け出て都大路に誘われ出る者や楽や射などの芸に時間を費やす者が目立つようになった。私も誘われるままに遊びに興じたり、ふらりと外出することが増えた。里心がつき衝動的に荷物をまとめそうになったこともあった。

(三)

そんなある日、講話に訪れた後、院の状況を教師方から聴取しておられた空海師から呼び出しがあった。御注意を受けるのだろうと恥じ入りながら御前に出たところ、意外とにこやかに慈悲に満ちた眼差しで、しかし私の心を射抜くように言葉をかけてくれた。

「汝も悩みの時期に入ったな、飛魚」

と御存じないと思っていた渾名で呼ばれ、何のことかも分からず、しばらくぽかんとしていると、それを見透かすようにゆっくりと話し出された。

「あの時私のことを話したが、悩みながら学んだということも申したかと思う。聞けば、汝は最近成績が上がらぬようだが、飛魚はただ飛び続けているのではない。水面下で力を蓄えつつ飛んでいる。ただ知識を詰め込み続けるだけでは、いずれ飛翔力がなくなる。咀嚼し考える力をつけながら、飛ばねば高く遠くへは飛び続けられない。ただ多くを読めば多くが身に付くのではない。考え智と智を繋げ体系的に頭に詰め合わせる努力・訓練をしていけば、自ずと見えてくる日が来る。倦まず励め。そして悩みは必要だ。なぜなら、その裏に自分が何をどうしたいのかが潜んでいるからだ。自分が将来何になりたいのか、学びは学びそのものが目的ではない。教師・博士は学びを教え導く目的があるから、その智は一層深くなる。目的がはっきりしてくれば学び方もはっきりしてくる。もちろん今は考える力をつけ、智を広げる時期で、それがないと目的もはっきり決めることはできない。明経の道をしっかり泳ぎ飛んだ上で、余裕を作って詩歌・文章・法の道や仏の道や芸の道、そして世の中を観察する事等視野を広げておくことも、何に生きていくかの決断に役立つだろう。余裕を持って励め」

と諭してもらった。

私は恵まれていると改めて感じた。丁度その岐路にある時毎に空海師が私の前に現れ、まさにその時必要としているものを授けてくれる。干天の慈雨というか、必要その時そのものゆえ、水はあっという間に染み込んで力となる。

もちろん空海師のそれは、余裕そのもので、その短期間で明経の道はもちろんのこと、万般を自家のものにした上、大学も早めに修した。儒教・道教・仏教の道をそれぞれ行く役者を仕立て劇にした『三教指帰《さんごうしいき》』初稿を書き、自らの仏道に入る決意を示し、在籍のまま外で独自に修養し、仏道に新しき道を切り拓く目的を持って、野に出て修行に自らを駆り立てていった。のちにそれらを知り、その器の大きさに雲泥の差があることを思い知ったところでもある。

なお、この『三教指帰』劇のあらましは、次のようなものであり、結論は違うが、儒の道をとることを決意する時参考になった。また、同時に社会のあり方を考えていくに当たっても役に立った。

『本能のままに自由勝手に生きる蛭牙《しつが》公子という兎角《とかく》公の甥を諌めるため、空海師自身の叔父で儒学者として名高い阿刀大足《あとのおおたり》らしき儒家の亀毛《きもう》先生、道教の虚亡隠士《きょぶいんし》、そして師自身のようである仮名乞児《かめいこつじ》という大乗仏教を説く若い僧が順に現れる。

亀毛先生は、幸福は本能のままでは得られず、努力により役立つ人物になり、結果栄誉を収め、富を得て満ち足りた生活を送ることが真の幸福と言う。

虚亡隠士は、人の世のはかなさを指摘、天仙の清福をたたえ、現実の生活に対して天上の静寂な喜びの中に人間の真の幸福があると言う。

仮名乞児は、それらは自我に囚われており、出世間（仏教）の生活を知らないものである。人生を生きている間だけのものとは考えず、永遠の過去から永遠の未来に向かって連続する生命を考え、仏陀に向かって歩き続けることを人生の目的にすべきと、言う。

そして納得した一同で十韻の詩を合唱して幕が下りる』

（四）

こうして、危機を脱し、勉学の姿勢にも学院生活という点にも余裕が出て、ほぼ思い描いた時日で履修も進み、三年目にも入ってくると、胸中に将来への思いも少しずつ形をなすような感がしてきていた。国・社会のために何を自分はなしうるか何がよいだろうか、そのために何になるか、という想念であった。政治を動かすのはどうであろうか。なるほど、院は庶民にも官途への可能性を開いたが、そのための機関である大学・国学にしても、特定氏族による門閥が定着して、上位が望めぬ状況に鑑みると、留学生として遣唐使にでも加わり、異次元の知識・能力を評価してもらうしかないように思われた。

仏道はどうであろう。空海大僧都が真言の教えを、最澄大僧都が天台の教えを、奈良仏教の論と違い経として、衆生の心の救いをもたらしたことで、仏教界に劇的変化が起きている。大学・国学と違って当院には仏道勉学の途がある。そして各寺院での修行もあり、門閥はない。ただ、心の問題でもあり、向き不向きは俗世界に比べ厳しいものがあり、私にはなお、そちらへの情熱が湧いてくるようには感じられない。

自分は学びが好きだし、また教えることにも関心がある。そして、空海師が言われ、式並序にもお書きになった「大唐の都では坊々（各区）毎に塾をおいて児童に教えており、また各県に郷学を開いて広く学童を導いている。結果才子達は都会に満ち、六芸（礼・学・射・魚・書・数）に達した人々が国に満ちている。学の裾野を広げ、全体の学の力を上げることが、国の力を上げることになる」の言葉が忘れられなかった。私はさらに学問すると共に、教育を世の中遍くそれぞれの学びたい意欲を吸い上げられるように広めていきたい。そんな思いに収斂してくるようであった。

なお衆生を救うということでは、医が重要である。特に平安の世になってから、中国の医学が在来のそれに取って代わりつつある。この分野では大学・国学・当院とその進歩には横断的な協力が為されている。私も余裕の出た時間で施薬寮へ行って学んでいる。

三、高野山

自分が学を教える道を目標として選ぼうとする頃、空海師に異変が起こっていた。これが、私はもちろん院にとっても大変化に繋がっていくこととなる。

（一）

開院から三年目が少し過ぎた頃から、そのお顔を見ることがなくなった。間もなくご容態がすぐれないようだという噂が院内にも広がった。そして、天長八年（八三一年）六月半ば、悪瘡を理由に大僧都を辞する表を朝廷に奏された。そうした身でありながら、翌年夏高野山で万灯会を催すまで、生き急ぐように諸事を却って猛烈な速さでこなされた。そして冬に向かって高野山での隠棲生活に入られた。

その後、承和二年（八三五年）三月二十一日入定されたが、この間三年近く隠棲とはいえ、しっかりされており、むしろ即身成仏に向かって自らの意志に沿って穀を絶ち死期を設定していった趣のようであったと聞いている。

空海大僧都は、唐長安の青竜寺で精神原理を説く金剛頂経系の密教と物質原理を説く大日経系密教を併せ継ぐ唐の恵果和尚から、学法灌頂、伝法灌頂を受法、正統を一身に譲り受けた。帰国後その金剛界と胎蔵法の教義の綜合化を図り完成させた真言密教は、無限の宇宙に存在する全てのものに内在するといわれる大日如来と兜率天で日夜説法しているといわれる弥勒菩薩を柱とし、即身成仏を理想とするものであった。空海大僧都は恵果和尚から、この世の一切を遍く照らす大日如来を意味する遍照金剛の灌頂名を与えられたが、まさに天空の真ん中に位置する太陽のような存在であった。京にいなくとも隅々までその意は行き渡ったし、現世における各界からの尊崇も変わりないものであった。

しかし、そうであっても大きく松明《たいまつ》を掲げた師の姿が現にそこにないことは、院の勢いに少なからず影響を与えたのは事実である。年を追うごとに増えてきた人員も隠棲を境に入りが減り入定と共に純減に転じた。そして、寄附や田畑からの収入も減ってきて、東寺実恵長者の経営努力も中々実を結ばず、次第に院の運営が苦境に追い込まれつつあった。

この間私は、遣唐使の勅の出た承和元年（八三四年）、院の明経科の助教に就任し、この隠棲中の師にお目にかかる機会を得た。初めて高野山に登った。初夏であった。

（二）

自室に座し私を招じ入れた空海師のお姿からは、死の危険のある悪性の腫れものがあるような様子は豪も感じられなかった。正月には宮中で修法を行い、二月には平城京に出掛けたとのことだった。六年前門前で拾い上げてくださってから、励ましの言葉を掛けてもらい、何とか学を修し、今回は思いがけず教える側に採用されたことに礼を述べる私の言葉を、目を細め頷きながら元気そうに聞いていただいた。「汝には期待していた、誠によかった」と短いが滋味あふれる言葉を授かった。下げた頭を上げて「ところで」と言おうとする前に、「ところで、院の状況はいかがであろう」との問いかけがあった。

まさに庶民教育の成果を増し続けて行かねばならぬこの時に心配な兆候が顕れており、大ごとにならぬ前に手を打つ必要があるのではないか。それこそ私が敢えてお話しせねばと強く思って、師のおられる高野山に登って来たわけでもあった。いちいち頷きながら聞いておられ、大きく頷かれると、

「そうなのだ。正月、京都へ行った時も実恵ともそのことを話した。もちろん学びの内容を改善していく必要はあるが、庶民にも力が付いてきてその必要がなくなるまでは、前から申している通り、資金を何とか集めて維持していかねばならない。個々には別として、私が帰国してからというものここまで、飢饉や災害や乱が多く、通う庶民も寄付者の高位の人々も余裕がなくなっている。ここが踏ん張り時と、その時も身体に鞭打ち、多くの貴顕に出捐の維持強化をお願いしてきた。一つでも広い田畑からの収益の上がりの寄進が、我等の国家的教育事業に信じて託す形で加わると、経営の恒常的安定に繋がるのだが……」

と嘆息気味に述べられた。

「そうでありましたか、お身体に障りますのに御尽力いただいておりますことも存じもせ

ず、失礼しました」と申し上げると、

「国のためでもあり、私の夢でもあるから。大唐の都では坊々（各区）毎に塾をおいて児童に教えており、また各県に郷学を開いて広く学童を導いている。結果才子達は都会に満ち、六芸（礼・学・射・魚・書・数）に達した人々が国に満ちている。学の裾野を広げ、全体の学の力を上げることが、国の力を上げることになる」

そうまさに私が諳んじているあの時のお言葉であった。そして、

「汝は唐へ行く気はないか。あの閭塾の坊々に立ち並ぶ様を見たくはないか」

と思いがけない問いかけをなされた。虚を突かれて驚いていると、

「知っての通り、この一月十九日遣唐使の勅が下った。我等は鎮護国家を標榜しており、真言教のさらなる深化もある。国の発展のため以前から遣唐使派遣を奏上してきている。承和に改元されたこの正月、改めて嵯峨先太政天皇に願い上げたところだ。当山からは請益僧として真済、留学僧として真然をやるつもりだが、叡山からも行く。ついて行ってはどうか。大唐の教育制度を汝の目と耳で学ぶべきところがあるか、行って確かめてきてはもらえまいか」と説明があった。

そうか、そういうことだったのか、明経科の博士が助教に就任した私にしきりに師のところに挨拶に行ったらどうかと言っていたのは。博士にも私は院の経営問題について日頃意見をよく言っていた。

（三）

師が留学僧として渡った前回の遣唐使から三十年余、その時の藤原葛野麻呂《かどのまろ》大使の子の参議・右大弁藤原常嗣《つねつぐ》が大使に任命されていた。四艘の大船で六百余名が唐に派遣されるが、船の建造には一年以上要するので出帆は来年春になろうとのことであった。流された末遥か南方福州に漂着、艱難辛苦四か月余かけて長安に辿り着いた葛野麻呂大使は、空海師の唐人士顔負けの語学力・文章力にどれほど助けられたか、その感謝の念は子の常嗣大使に受け継がれており、請益生（短期留学）の資格で大使と同船で連れて行ってくれるところまで師は働きかけてくれたのだろうか。

就任したばかりの新たな助教の仕事に慣れ、院の活性にも力を尽くした。そんな忙しい毎日の中から何とか時間を作って、唐教育関係の資料や書を探し読み、また識者を尋ねて指導をいただいたりすることに努めた。一度郷里の我が家に帰ろうともしたが果たす時間もないまま、一年はあっと言う間に過ぎていった。

四、遣唐使船

（一）

しかし始まってみると、この遣唐使は大変な御難続きのものとなった。承和三年（八三六年）五月十四日、難波の津を出帆したものの、十八日に大暴風雨に遭い輪田の泊に避難、博多の津を四艘の船が大海に向け出航するのは七月二日となった。しかも二日後には嵐に遭い漂流して大きな被害を出し、押し戻された。うち第三船は大破し、船板で作った筏《いかだ》や板切れで対島などに漂着した三十名弱の生存者の外の百余名は命を失った。真済、真然両僧の乗った筏は二十日以上も海上を漂い、その間同乗者は全て餓死、漂着救助された時お二人も虫の息だったという。これまでも遣唐使船は、唐での日程の関係で海の荒れる時期の渡海が多く、また箱型の大船であるため荒波に翻弄されやすく、航海の危険が高いことは共通の認識になっていた。もちろん遣唐使に任じられることは、日本のための崇高な役割を担うことであり名誉なことであるのは論を待たない。しかし、この危険の多い航海は、最悪の事態を思う時、死も覚悟の上という心持ちであった。私もそのことを改めて思い知らされた。

そして大修理や諸準備調整に時間を費やし、この間修理立ち会いのわずかな人数を残し、ほとんどの人員は一旦京に入り、それぞれの居所に戻って待機した。これは大宰府にその間これだけの員数を養う力がなかったからであった。

次に三艘の船が旅立つのは翌承和四年（八三七年）八月であった。しかもまた運悪く、出帆間もなく肥前松浦郡の沖で逆風に遭遇、第一・第四船は壱岐に流され、第二船は値嘉島に漂着、再び修理を要することとなった。第一・第四船の損傷は酷いものであった。

二度の失敗もあり、入唐はしばらく延期となり、大使・副使などは大宰府に留まったが多くはまた居所に還って待った。遣唐使のための神仏への祈りが要請され、朝廷もこれに応じて全国的に寺社で祈りを行わせた。この間不作・疫病等災厄への祈りも重なった。しかし、遣唐使は中止にはならず、朝廷の勅に押し出されるようにして三度目の出航が挙行された。承和五年六月十三日、第一・四船が進発し、第二船も遅れて続いた。第四船には、朝廷の指示もあり、東寺長者実恵師が真済・真然両僧に代わって二度目の旅立ちの時から要請した、いずれも空海師の弟子で請益僧として元興寺の僧円行師が、留学僧としての三論の常暁師が乗っていた。私の乗った大使の第一船には、天台請益僧円仁師、天台留学僧円載師、薬師寺の法相請益僧戒明師やその従僧の方達も乗っていた。朝廷にとっても鎮護国家は焦眉の課題であり、それを仏道の面で担おうとする天台、真言教の求法の思いも強く、遣唐使の実行を期す力になっていたと思われる。

私も乗船した第一船は時化《しけ》で流されながらも、六月二十九日揚州の揚子江口に着いて、道行きと随所の地方政府との交渉や疫病に苦心しながら、揚州都で長安の受け入れ対応を待った。その間に第四船が着いており、円行師や常暁師の無事も分かり、遅れて出た第二船には、副使小野篁参議は乗船を拒否し乗っていないことも分かった。

唐政府が入長安の員数を厳しく絞ってきたため、一次名簿には私の名はなかった。かつて空海師がやはり入長安名簿になかったが、それはむしろ地方政府長官が空海師の唐人士も顔負けの文化的異才に惹かれて引きとめたわけで、入唐の本旨を強調して難を逃れたと伺った。私の場合は単に数が絞られただけで、結局、大使の取りなしで何とか潜り込ませてもらった。

（二）

「大唐の都では坊々（各区）毎に塾をおいて児童に教えており、また各県に郷学を開いて広く学童を導いている。結果才子達は都会に満ち、六芸（礼・学・射・魚・書・数）に達した人々が国に満ちている。学の裾野を広げ、全体の学の力を上げることが、国の力を上げることになる」。師のこの言葉を反芻しながら、自分が遣唐使船に乗って何を調べ、どうすればよいのかを考え続けてきた。

何を調べるのか。唐の教育制度が実際はどのように機能しているかということであろう。出発を一年後に控え、本業の外に、限られた時間で資料や書を集め、話を聞き、作業をすると、その当たるものの多さに圧倒され、どのように整理し観点を絞るか、間に合うのか焦りにも似た緊張感があった。しかし、遣唐使船の建造も終盤に近くなっているといわれる頃には次第に落ち着きを取り戻してきた。資料の多さは、日本が律令国家建設を隋・唐に範をとり、この二百年に十数度の遣使を派遣し、教育制度についても数多くの人が時々の制度実態を見聞き、資料をもたらしたからであり、それらを基に研究し書かれたものやその間に日本に渡来した唐人や唐書により膨れたものが、いかに多いかということである。しかも不幸なことに渡航失敗が重なり、実際には出発までに足掛け四年の年月があった。また、遣使の一員の資格が資料・書物の収集への協力や資金の面でも単なる個人では及びもつかぬような力となった。

結果的には、学生達にも書写や内容重複の整理など手伝ってもらい、当院の書寮に、この分野の資料・文書の一大図書を作り上げることができた。

どうすればよいかは、問題意識と目的による。問題意識は、なぜ唐では場所的に隅々まで教育機関が行き渡っており、人的にも庶民にも広く機会が与えられているのか、ということになる。現に目の前の当院の経営問題を、ということになれば、入院希望者の減衰と給費等支弁のための安定的資金の不足にある。その喫緊の課題に絞ってなら、遣使に行くより残って改善に努めるということだろう。しかし、現実には私の力ではいかんともし難く、妙案が唐に求められるなら、行った方がよいということだろう。

空海大僧都は今回遣唐使船の最初の出帆にあと二か月の承和二年（八三五年）三月二十一日入定した。長者を継ぎ当院の経営に責任を持つ実恵師の下に策を考えていくことになった。

私は実恵師に実情を訴え、大きな手を打ってくれるようお会いする度に訴えた。師としても重々承知のことだが、いろいろ手を尽くしても資金の確保は難航しており、支援している東寺そのものの財政も苦しいことを、逆にこぼされる有り様であり、他の妙案を何も提示できない自分が腹立たしくもあった。現に、新規の明経科や文章科への応募はわずかになってきていた。遣唐使の再出航が遅れた背景にある社会経済の疲弊や、官吏への途が苦学に見合うほどのものでない実態が知れるところになったことが影響しているとの話も聞こえてきた。仏教学の方は、各宗に門戸を開き、俗の学も広く学べる得度決定に臨む前の学習経験として有意義ではあった。だが、天台・真言が急速に教団勢力を伸ばしており、しかも教義純化もあって、各法統自身での教育に力が入る閉鎖性が強まってきたこともあり、こうした寄り道をせず、直接宗派の門を叩く傾向が強まってきたといわれていた。

事実調査の準備は格段に進んだ反面、どうあるべきかについては、かえって霧が深まった状況で出帆したということであった。

五、長　安

（一）

そして今の私は長安に足を下ろしている。自分の目で見、耳で聞くことだ、と思っている。中国は先進世界大国である。時に変もあるが儒教の流れは長く深く広い。四書五経のうちの「大学」にあるように、大学・小学といった学び舎は理想の国・周以来整えられ、大事に考えられている。政治・経済・社会全て、大唐は世界最大に達し今ようやく頂点を過ぎつつあるものの、教育もまた然りである。そして国体のあり方に直結する科挙の制度と密接な関係にある。中国は王朝が交代しながら大国化し、人材の登用が行われ中央集権化してきた。日本はそれら全てに後進で、真似て律令国家建設に邁進してきた。

唐の貞観の治（六二七年〜六四九年）で名高い第二代皇帝太宗（李世民）は、儒教の政治理念「徳治」を治世の柱とし、教育の制度化に熱心に取り組んだ。中央官学の学校教育を整備し、学校への孔子廟の設置が、国学・県学において実施され、いわゆる「廟学」の教育体制が推し進められた。さらに「五経正義」が頒布され、任官試験用の教材も統一されることとなった。太宗の時代、中央官学の入学者は貞観二年（六二八年）に中央直轄の五校だけで三千を超え、のちにそれは「三千の徒」と呼ばれ、この教育業績は歴代皇帝の努力目標となり、倣うべき範となった。その他、外国人学生の受け容れ制度を設け、貞観期に唐に留学する人数は大幅に増え、一時八千人を超えるとも言われた。

唐の官立教育機関の中央系統は、直系官学と傍系官学に分かれ、前者は尚書省の下に置かれた教育行政機関国子監に属す国子学・大学・四門学などであり、後者は国子監に属さず独立の教育機関である、弘文館や崇文館などは傍系官学とされた。この二つは最も貴族化された学校であり、家格蔭位の高さにより入学させたので入学者が少なく規模は小さかった。教育目的は、高級官僚の子弟を仕官できるように養成することであった。弘文館の政治的地位は最も高く、主に皇族・王侯の子弟を教育した。国子監に属する国子学は高級官僚（三品以上）子弟を、大学は中級官僚（五品以上）子弟を、四門学は下級官僚（七品以上）子弟を教育した。このように官入学に当たっては厳格な身分制限が設けられていた。

弘文館学士は本職をもって兼担し、本職の官位が五品以上であれば学士とされ、六品以下は直学士とされ、いまだ朝廷の官位がない場合は一律直学士とされた。すなわち弘文館学士とは職名であって官位ではない。彼等は、夜は当番、昼は皇帝と内殿にて文史を論評し、政務を相談して、夜遅くまで働いた。太宗の政治顧問として学問・文化問題の相談相手の役割を果たしており、国策策定に重要な影響を及ぼしていた。

四門学は、唐初の定員は百名余だったが次第に拡充された。中・下級官僚の子弟に加え庶民子弟も入学可能になり、俊士といわれた。そして定員も前者が五百名、後者（俊士）が八百名の規模に拡大している。したがって四門学の俊士生以外はもっぱら官僚子弟の仕官のための学校であった。

なお、地方の系統に属する府学・州学・県学といった地方官学の設置および管理は従来同様、地方官の職務であって、国子監と地方官学との管理関係は存在しない。

（二）

制度の事実は変わっていない。むしろ、日本で漠然と感じ考えをまとめようとしていたことが、唐社会の有り様を見ることではっきりしてきた。国の大きさ歴史等同列には論じられないが、皇帝・天皇を頂点とする律令国家であるから、教育そして庶民の学校にも同じようなことが起こる、ということである。

唐は経済的にも政治的にも文化的にも大国である。貞観の治における教育機関の充実も然りである。豊かで勢いがつくほど庶民も力を持ち、学ぶ姿勢も余裕も強まる。教育行政・教育機関・官途への試験制度等も拡充した。

しかし、試験制度や教育機関における上昇流も、上位者の身分による別仕立ての維持機能により制約が入っている。そうした制度的安全弁を持ちながら、唐代の庶民教育活動の勢いを左右する前提条件としては、「政治・社会の平和と安定」「当事者の学校教育奨励の意志と姿勢」「学歴と官職への連結・制度上の優遇政策」の三つが挙げられる。

政権が不安定で戦乱が続き、経済活動が阻害されているような場合には学事奨励を図っても成果は上がりにくい。ここ唐においては、最重要課題は強力かつ安定した中央集権国家の建設と維持にあるので、そのためには分権的傾向を持つ要素は極力抑え、中央集権を担う優秀な人材を抜擢しなければならない。政権にとっての教育振興策は人材養成のための現実的課題に即した制度であるとしても、為政者の徳と権威を誇示し飾る道具でもある。

そこで学官に著名な儒学者を抜擢し、教学の実効を挙げようとするのだが、学歴獲得に実利が伴わないと、現金なもので学生は集まらないし真剣に勉強しない。そこで学業成績によって官界入りを保証することとし、学校教育に目的を持たせ、また活気を取り戻そうと考えるのはむしろ自然なことである。科挙創設以後、庶民の政治上昇の途が広がり、勉学の機会を増やす誘引にもなっている。貴族の子弟や庶民の優秀な子弟に官撰の教科書を学ばせ、従来の貴族官僚とは異なった官僚の養成を図ってきた所以である。

科挙の現制度は、明経・明法・明算・明書・進士の科目からなり、郷試・省試の二段階で、進士科が重んじられ、受験者千人に対して十〜二十人の合格で、毎年三十人くらいが合格とのことである。次に重んじられた明経科では、二千人に対して百〜二百人くらいの合格とのことである。進士科は士大夫に重んじられた経書・詩賦・策（時事作文）などの試験が行われた。

最終試験である省試への受験資格を得るには、国子監の管理下にあった六学（国子学、大学、四門学、律学、書学、算学）を卒業するか、地方で行われる郷試に合格する必要があった。受験資格は広範囲で、私の聞いた限り、受験できないのは女性、商工業者、俳優、前科者、喪に服しているものなどであった。男の子達は基本的に受験できるということである。省試の後、合格者が任官されるためには、吏部において、身（威厳）・言（言葉遣いと命令力）・書（能書）・判（法・制度理解と無謬判断力）といったことを問う吏部試が行われた。

知貢挙《ちこうきょ》（省試の責任者）と門生（その年の進士合格者）は知貢挙を座主と呼び師弟関係を結ぶ。また高官は知貢挙に公薦（合格者を公的に推薦）が許される。さらに恩隠、任子などと呼ばれる、父の官位に従い、任官される制度も重視される。このように、旧来の貴族が、なお権力を保ち続ける仕掛けもあった。

しかしながら次第に科挙出身者の勢力が拡大し、拮抗し始めて来ている。これを考えてみると、科挙の起源は、隋の初代皇帝文帝が内乱を平定し、前代の中央・地方の官吏の地位を独占していた世襲的な貴族政治を打破し、天子の独裁権力を確立するために導入した。改めて試験の及第者を官吏有資格者とし、多数の官僚予備軍を貯え、必要に応じて中央・地方の官吏の欠員を補充する制度を作ったわけである。唐もこれを踏襲、大乱平定に寄与し特権的な地位を子孫に伝えようとした新貴族に対し、科挙で採用した進士等を配下に要地要処に据えて思うままに政治を行おうとした。段々旗色は進士側に有利になり、貴族も出世しようと思えば、科挙の門をくぐらねばならぬようになっていった。

「坊々に閭塾」の景色は、科挙によって庶民の上昇意欲が現実に叶うという流れが強まったことが背景にある。日本も天皇の独裁権力を確立する動きが大陸の律令政治を急速に摂取することにより進められたが、貴族政治は寡占化する形で逆に強化され、貢試の形で科挙を模した選挙制度も庶民の上昇気流を大きく高めるまでに至っていない。そのことが庶民の経済力が弱いこととも相俟って坊々に閭塾までの力にはなっていない。

哀しいかな、空海師が世の中の宜しき流れを看取し、その類いまれなる影響力を駆使し、情熱を傾けたその器は、環境悪化そして空海師亡き後、ある意味奇跡的な力が働かねば危殆に瀕することは必定という道行の可能性は、まずは予想として受け入れざるを得ない。


貞観の治がむしろ頂点に達し、むしろ倣うべきもの、維持すべきものとされている感があり、特に政治的にも経済的にも勢いの減衰している時代の趨勢の中では、それぞれの要因とも後ろ向きに働き始めているようにも見える。学校教育は科挙に従属し、いわば官吏への登竜門と化したともいわれている。

後ろ姿を追いかけている日本にも同様なことがいえよう。しかも経済力はもともと雲泥の差である。科挙を真似た貢挙の制はあるが、受験資格は庶民には天井が高すぎ、合格者はほんのわずかであり、成り手の貴族の身分特定化も急速に進んでいる。官学も庶民は例外的にしか受け入れず、私学も庶民用には綜芸種智院一つしかない。暮らし向きが悪化すれば、資金も細るし学びの余裕もなくなる。

（三）

私はどうしていけばよいのか迷う日々であった。長安に入り大使が受け入れ側の唐朝廷に奏請し許された各遣使の行動計画に従う。唐側の援けを得て予定通りの資料収集に当たり、肉体的には疲労感を覚える忙しさであったが、大した壁には当たらず、事実調査としては所期のものがまとまりつつあった。

しかしどうすればよいかの迷いは大きくなるばかりであった。そんなある日、私は空海師を高野山に訪ねた日の夢を見た。あの日の師の話は一言一言忘れることなく覚えていたはずであったが、飛び起きたのは忘れていた一言に気付かされたからであった。

「私は、長安で西明寺に滞在していた。機会があったら訪うてみたらどうか」

早速その日、寺に向かった。

実恵師から、空海師が恵果和尚から伝法を受けた青竜寺の義明和尚宛の書状が、請益僧円行師によって届けられた。

胎蔵・金剛界両部密教を学び仏具などと共に、日本に帰った空海師が死去するまでの宗派の様子を書き記し、実恵師らが恵果和尚の孫弟子としての志を表すため、恵果和尚の霊座に供える法服などのことが書き添えられていた。

三十年の時を隔てても、空海師は長安の仏教界否長安に生きていた。死を慟哭して悼む者、消息を詳しく質す者、その驚愕すべき異才の思い出を語る者、「空海死す」の知らせが長安の都を駆け巡ったと言ってもよいほどであった。遣唐使が滞在する礼賓院（外国使節宿泊所で、東城、長興坊にある）から、そんな余韻が残っている街を抜け、目指す西明寺は右京（西）にあった。長安は北（そこに皇城がある）から南に真っすぐ走る中心線である朱雀大路で左右に分かれ、北からみて左京（東）五五坊、右京（西）五五坊の街である。左京は公的関係の建物や屋敷の街であり、右京は民家や商店や酒房の町であった。「空海死す」の余韻もあってか、驚くべきことが待っていた。

挨拶し来訪の意を告げる間もなく、迎えてくれた西明寺の僧が、一冊に綴じた書き物を私の目の前に差し出してくれた。「空海死す」の報で、書庫を探してみたところ、この遺稿が見つかったとのことであった。

覚書風のもので、あの達筆はもちろんではあるが、完全な文章にはなっていない。しかし中味は唐の教育制度のことであり、驚くことに、坊々の閭塾のこともあり、庶民教育のこともあり、あの式並序の下敷きのようでもあった。もちろん制度のことを聴き取ったものは記しての上のことである。簡潔な記述だが、今回私が調べたことと筋違いはなかった。しかも、式並序で人々の貢献に期待したように、綜芸種智院のような教育機関の日本への移入・存続の難しさや、それがゆえに為政者はじめ広範な人々の支持の継続が不可欠であることを述べると共に、私が考察しているような問題指摘も同様にまとめている。官がやればよいが、難しくとも民がやらねばうまく動くまいといったことも書いてある。

六、残　留

（一）

翻って遣唐使節は、藤原常嗣大使以下第一船が上陸したのは昨年（承和五年、唐では開成三年、八三八年）六月二十九日。苦難の陸路と運河の旅を経て長安に着いたのは十二月三日、年開けて諸蕃四国と共に天使（文宗）拝謁を果たしたのが一月十三日。この間使節団は旅の途次罹患した病に苦しみながらも、長安を離れる限られた日時までの間に、それぞれの所期の目的を果たすべく駆け回っていた。例えば真言請益僧の円行師は、重ねて奏請し二月初めには青竜寺に入ったが、残る二十日間で、二十人の書き手を雇い、やっと文疏などを写すことができた。また、これまでになく入京等制限が厳しく、円仁師ら上陸地揚州に残留した者が多かっただけでなく、長安の傍へ来ながら入京を許されぬ法相請益僧戒明師の例もあった。また長期滞在予定で入京の留学生も道俗問わず帰国を命ぜられたりした。国内事情劣化が次第に大唐の鷹揚さを失わせていた。

遅れて到着した第二船を除き、第一・第四船は破損が酷く使えないので、既に昨十二月十八日には第一船に乗って来た金正南新羅訳語等が、帰国船用意のため楚州に赴いていた。大使以下入京者四十人余は二月十二日、楊州残留組二百七十人余が最終的に楚州に集結したのは三月初めであった。そして二十日新羅船九艘に分乗して出発、三十日海州管内に停泊。第二船に乗り込んでもう少し北まで行こうと思っていた円仁師は、船がここから直接日本を目指し東に向かうことになったので、残留のため惟正、惟暁従僧等と共に、皆に別れを告げた。その意中は三月初めに大使に奏請しておられた。円仁師は揚州に留まって、大使から唐政府の天台山（南方台州）入りの勅許が知らされるのを待っていたが、大使の重ねての奏請にもかかわらず勅許は下りなかった。

かく言う私は日本からは同じ第一船で渡ってきて、請益僧円仁師と惟正・惟暁従僧や従者の方々、留学僧円載師と仁好・順昌・仁済従僧や従者の方達延暦寺の一団の方々とは殊更親しくしてもらっていた。宗教団としての強さはその大使に対する影響力においても、日本からのものも含めて強い情報力においても抜群であったので、大いに助けられた。

円仁師は、実恵師の綜芸種智院経営の苦労とその資金集めの行き詰まりが、ままならぬところに来ていることを既に出発前から聞いておられ、そのことは揚州府で円仁師から直接伺った。そして楚州で再会した折には、院は既に新院生を取らぬことで将来の閉鎖を前提に舵を切り、道学生は学修予定に反しない形で、諸派の仏寺の学問僧に順次移行、俗学生も次第に修学者が卒業し職に就く支援をする形で備えつつあるという情報も入っていた。

それを聞いた時、無念の気持ちが抑えようもなく強く湧くと共に、私の使命と私が考えていたものが宙に浮いてしまったことをはっきりと悟った。
それまでに所期の制度や実態調査は了し、所見についての梗概も中途ではあったがまとめつつあった。しかし仮に帰国して最終稿を提出しても、院の存続発展のために活用されること、また自分ができることもなくなってしまった。

そして、円仁師残留の決断を知った。
楚州で大使に再会しその経緯も聴取の上、目的達成のため残留を決意し、唐土に留まることを最終決意されたのである。

私は急遽、空海師が西明寺に残した思いと考えを取り入れ、まとめるところまでを完成させ、正式報告文書の形にした。それは円行師に託し持ち帰ってもらい、実恵師にもお届け願うこととした。私自身は、一度無に帰した院というものを蘇生できるのか、そのためには何が必要かもっと考えてみるためにも、円仁師に頼みこみ一緒に残留、行を共にさせてもらおうと思った。大きな社会のあり方と庶民教育といった視点になろうか。

（二）
一行は、不法滞在ゆえの役所の追及などでの苦難を克服しつつ、北方の同じ天台宗の志遠和尚のいる五台山華厳寺を目指すこととした。五月初め五台山華厳寺に入り、受学や天台の経疏の書写等を行った。そして七月まで滞在し、天台に関する一定の目的を果たした。その後八月二十二日には長安に入り資生寺に逗留することとなった。そして、空海師の真言密教に遅れをとった最澄師の悲願でもあった完全体の密教受戒を受けるため、空海師が恵果和尚からその密教正統を引き継いだ青竜寺で、恵果和尚の孫弟子にあたる義真和尚の教えを受け、翌年（八四一年）五月には胎蔵界大法と蘇悉地大法を受けられた（前回遣唐使で、請益僧としての最澄師は、長安に行かず中心目的の天台山に直行、遣唐使船で帰還直前の帰路授かった一部の密教に基づき帰国後公的な灌頂儀式を行うなどした。しかし、留学僧として、恵果和尚から正統両部密教を授かった空海師が一年後、便を得て帰国、真言密を確立したため、密教では最澄師は空海師に弟子としての礼を取っていたが、やがて訣別に至った）。

この年、夏には資生寺を通じて高徳使に帰国申請を提出するが拒否される。秋の初めに嵯峨上皇夫人橘嘉智子皇太后の、禅の師を招きたいとの意を受けて、僧慧萼《えがく》師が五台山・天台山に幣を届け、候補者を求め尋ね歩き、長安に円仁師を訪ねてきた。慧萼師は一旦翌年春（八四二年）、円仁師の書状も預かって帰国する。

またその頃、天台山にいる円載留学僧からの書状を持って仁好従僧がやってきて、遣唐大使藤原常嗣が亡くなったことなどが伝えられた。その際、一昨年大納言藤原三守が崩じたことで、院の廃絶と後処理の動きが本格化していることも知った。

同時に唐世界では不幸な動きが出てきた。この年晩秋から動きが始まったが、翌年（八四三年）一月には諸寺の僧尼に還俗を命じ、財産を没収する会昌の破仏が開始された。この年は武宗即位後三年目の会昌三年だったが、次第に経典の焚焼・仏像破壊、外国僧の追放令などと激しくなり、武宗の亡くなるまで（八四六年三月）続いた。還俗令の出た年の夏には惟暁従僧が長安で客死し、仏教弾圧もあり、円載の仁好・順昌従僧達を、報告と窮状訴えに年末帰国させることとなった。遣唐使が新羅船で帰ったように、この頃には新羅の交易船がかなり行き来するようになっており、慧蕚師もそうだったが、今回も新羅人の張公靖と行を共にした。

そして、私もこの便に同乗させてもらい長門国に帰着した。時に承和十年（八四三年会昌三年）十二月九日であった。

七、帰国

（一）

私が帰国した時、綜芸種智院は既に売却されており、これで丹波の国に四四町一四四歩の田地を買い取り、経律論疏を講ずる伝法会の料に充てることとした。一時田地の帰属が定まらなかったが、最終的に東寺に帰属することになり、民部省に奏請したところであった。東寺に実恵師を訪い、暇《いとま》を告げた。私が唐から送った報告書を手にしながら、「御苦労様だった。これも踏まえ努力したが、空海大僧都の御遺志を全うできなかった、誠に残念であった」と深々と頭を下げられた。伝法会などのためにも高野山の金剛峰寺や東寺に講義所を整備するので、そこで僧に明教博士として教えて欲しいといった話もあったが、「これから自分なりに自分の道を考えてみたいと思っています」と申し上げ、これまでの厚誼に礼を述べ、東寺を後にした。今はこれしかない、という妙に清々とした心持ちであった。

そして、こうして廃絶された綜芸種智院跡に佇んでいる。
最後の最後まで考えがぐるぐる周り出口が見つからなかったが、何かが吹っ切れた。
今はこう考えている。

（二）
社会の裾野広く学びが可能でその意欲あることは、社会に力があるということだと思うが、ただ社会に元気があればよいということではない。一人一人の智的能力や協働能力が高まってそれで社会の力が高まることでないと、庶民も含めて広く学を広げていくことには繋がらない。それは国の支配構造や社会や経済の構造などとも密接に関係する。
その意味で公式の報告書の所見を、教育活動の勢いを左右する要因として、「政治・社会の平和と安定」「学校教育奨励の意志と姿勢」「学歴と官職への連結・制度上の優遇政策」の三つを挙げて論じたのは、今の中国における皇帝や日本における天皇を頂点とする律令国家を変わらぬ前提条件とすれば適当であったと依然として考えている。

中国二千年の歴史は、中国庶民の一般家庭でも、子供が生まれれば、親や周りが字を教え、読ませ、書かせ、千字文のような韻文を教え、蒙求のような歴史物を教え、できる子には四書・五経まで進んでいく、といった意識を習慣として植え付けてきた。それがより広く、より深くという強い要請になるほど、坊々に塾ができ、国が質の高い多くの教育機関を作ることに結び付く。そして、隋・唐の天子を頂点とする中央集権国家は、優秀な国家官吏を多数求めるがゆえに、科挙の制度を整備して広く人材を吸い上げ、その試験の合格を目指すため人々の学びの意欲を高め、学びの場を拡充させた。

では、日本はどうか。中国文化の影響を受け、急速に律令国家を建設し、中央集権化を進めており、経済力も高まってきている。現状では、随分と庶民の教育意識も上がってきてはいるが、いかんせんまだ歴史が浅い。その上で、政治・社会の平和と安定については、時に旱魃・疫病・大地震などで生活や生産に不安定さはあるが、政治的には内乱を繰り返しながらも集権化が進んでいる。だが中国に比べ貴族層の力も強く、氏族的な権力集中も進んでいる。学校教育奨励の意志と姿勢については、律令制度の確立の中で官学の体制を作ったが、庶民までこれを拡充する意志には乏しい。学歴と官職への連結についても同様の背景で、権力集中のための科挙のような上昇装置をそれほど必要としておらず、導入した貢試制度も振るわない。貴族制が強いので官学への庶民参加は極めて稀である（唐の四門学での庶民枠に比べれば微々たるもの）。

私学や私塾も官学補完のため貴族層が設立、一族が主に利用するものであり、庶民向けに至っては綜芸種智院の外なかった。歴史の浅さを挽回するには、各地に広く庶民に初等教育機関が必要だが、そこまで行かない。

かれこれ考えて私はもっともっと長い時間、すなわち今の私達の代ではなく、また二百年や三百年の単位でもなく、時間をかけて考えるものだと、唐を離れるまでに思うようになった。政治・社会の安定も、生産や商業が盛んになり、そこに従事する人々も力を付け、社会全体の豊かさが増し多くの人々がその恩恵に浴し、政治にも力を持つようになる。そして自分達の望む教育・学問ができるようになる。そういう時代になれば、学問への意志は学問の中味の必要性・価値から自ずと求められ、そのための機関も自ずとできていこう。

そして官職や職業は人々の能力や特性が評価されて選択されるようになろう。もちろん、そういう社会を築き上げていくためにも学問は要るので、倦まず一歩一歩その充実に努めることを忘れてはならない。

では、それまでの間何をやればよいのか。

孔子がよりよい政体の実現を夢見て、国中で学問を広め説いて回り、その承継と実践を将来に託したように、長い時間の中に自己を注入したことに思い致せば、未来に向けて何らかの種をまく努力をすることであろう。

もちろん孔子に比べれば紙魚のような存在だし、しかも空海師という稀代の国造り師を失い、その遺構の綜芸種智院をも失った今、その紙魚もどこにあるか判読できぬものになっていようが、一歩も積み重なれば紙魚も点となろう。坊の閭塾から始めよう。そう思った。

（三）

郷里讃岐に帰ることにした。そこでささやかに塾を開く。資金は郷党から集められればそれに越したことはないが、安易な依存は長続きしない。院でも医を学んだが、幸い遣唐使仲間で、臨床に長じ医経にも通じた菅原梶成医師に、長安で指導を受け、中国医学の調査・聴き取りにも陪席させてもらったり事後話を聞かせてもらった。日本にはこの時期まで伝統医療へのこだわりがあったが、前回・今回の遣唐使によって、進んだ中国医学に舵を切ったといえる。残留時もこの時のこともあって医の修行を進めることができた。

残留も頭にあったので、この時、長安青竜寺で、空海師の覚書を書写したものを菅原梶成医師に託した。しかし第二船で帰国の途についた梶成医師らは、南海の地に漂着、干戈を交え、多数の犠牲者を出し、破損した舟を小舟に改修、一命を取り止めた人々が大隅国に帰り着いたのは、本体に遅れること八～十か月（八四〇年四～六月）経ってのことだった。日本の医のためにも梶成医師が生還したことは幸いであった。医師は昨年（八四三年）十月鍼博士に就任している。

空海師覚書の書写は南方の海の藻屑となったことを知った。しかし、梶成医師が九死に一生を得たことは、私が生まれ変わったような気がして大いに元気付けられた。医で生業は立てつつ教育に当たろうと思う。空海師のまいた種、一からやり直しで、万人による万人のための万人の学校がいつの日か来ることを夢見てやろう。

（四）
『三教指帰』は空海師が世俗を超えた仏法に身を投ずる決意を表したものであり、儒家も道家も世俗へのこだわりありと退けられている。しかし、人間の知覚は生身ゆえであり、見えるものは目の前の世の姿である。良い世の中を作るのも悪い世にするのも生きた人間の為せるところであり、それを引き継いでいく人間社会が作り上げて行くものである。その意味で良き人間営為を律する儒教の教えを、さらに磨き広めていくことが大事である。全ての人々が等しく良い世と思うのはいつ、いかような社会の形になっているかは分からないが、良くなろうと自身を律しながら努力していることは事実であり、これから先の世代に期待していることも事実であろう。例えば五常、仁・義・礼・智・信。坊々の閭塾で教わった子達が世造り国造りをする、為政も斉家も「信なくば立たず」であり、「信じて託す」から次世代がある。

空海師自身は仏法に悟りを見出し、鎮護国家で国造りに当たった。しかし、俗世を良い世にする目標に変わりはない。どの道を取り貢献するかであり、それが適切であれば「三教」のそれぞれの道を否定するものではない。それはあの書写した覚書にも込められていたし、だからこその綜芸種智院であった。

院の資産を託されたのは伝法会だったとすれば、その意を託されたのは、あるいは託した空海師の心を知っているのは私ということだろうか。

＊　＊　＊

彼の想い出をこれ以上垣間見ることはできない。歴史も語るところがない。

ただ、その後従僧仁好は翌承和十一年（八四四年）夏再び入唐、円仁・円載師への朝廷からの支給金も運んだ。そして次の年（八四五年）春、円仁師一行は追放令で帰国することとなり、長安を去り、何度となく渡海の計画が頓挫しつつも、ついには二年後承和十四年（八四七年）の九月、山東半島赤山浦を新羅船で出帆、半月の旅で大宰府に帰着した。先立つ七月、従僧仁好等は招来僧義空を伴った慧蕚師と共に先発し、唐に留まる円載師からの表状を奉っている。

のちに天台座主となる慈覚大師円仁一行は、翌年（四三八年）三月まで大宰府に留まっていた。その間訪ねてきた彼との再会に「日夜を尽くして皆で語り明かした」と仁好が語るのを聞いた者があったとのことである。


（了）

＊　＊　＊

第三部

紙魚ロボットの独り言

三題話のご感想は如何であろうか。考えてみたら吾輩は昔から御主人が語り書いたものの中で、信託遺贈やユース禁止法や綜芸種智院のことは見聞きしており、それに関係する人物であるキケロ、モア、空海の固有名詞も記憶にはあった。だから吾輩が地球を飛び立つ決心をした時も、自然とその信託の考えをベースにしていたことは前述の通りである。ただここまでそれら固有名詞の人物の人生にまで立ち入って、全人的に社会に向き合った生を見つめたことはなかった。

御主人も博物館の展示資料を前にした故に、一人一人を追ってみたいという気になったのではないかと思われる。吾輩にとっても誠に良い機会になった。

ところで宇宙に飛び立つ前は御主人を観察し、御主人を通して世を見、思考法を学び、主人と離れる決断を自らするに到った。しかし、飛行中は自らだけが頼りであったし、還ってからはこうして主人のサポートを陰で行いながら、主人のものしたものを自分の口で語ってみている。ある意味主体性が増したというか、何か独立というか自律自尊というか、そのような気が宿り始めたような気がする。一言で表現すると、御主人とは違う自分を自分で語りたくなった。

「吾輩は猫である」の猫は、作者が物語をどう始末しようとしたからかといったことは別として、人間語を自由に操れるようになった猫が、人間と勘違いして人間がやることをやったら、肉体の猫では助からぬ羽目に陥り不運にも昇天してしまった。しかしながら現代の吾輩はそうはなれない。

自身の存在の在り様について、また人間との間や今後の道行きについても、明確な認識がある。だから自らのなすべきことについても明確である。余命が残り少ないと今分かっているからである。飛行中に明らかになり初期設定のもので如何ともし難いものであった。そうであれば紙魚型の進化はあるにしても初期設定で決まっている以上の体型進化はあり得ない。すなわちＡＩやＩＴそのものである頭の進化と生物的進化の体は、このままだとアンバランス性を増すばかりである（だからロボットの物語は、体は生物学的に現在頂点に立つ人間の形に初期設定してあり、むしろ知能・精神とのアンバランスをどう埋めてゆくかやその間に起こるトラブル等が主題となってきた）。これらを受け容れて自らをどう処してゆくか、まさに人間的末期のテーマを、人間に近づいた頭とは言え考えても答えはＡＩ的にシンプルであった。

そしてそんな我が身に鑑みて、吾輩は自らの所謂老齢・寿命・死の受け入れ対応のデータを蓄積しつつ、残された余生を時を駆け宙を駆け御主人のサポートを通じての恩返しと、既に行っているヒト型ロボットの「賢い善を初期条件設定」の主張とそれらに関係する知見や具体的道行きについての調査研究と具体化の方法等について遺言を残し人間社会への恩返しができないものかその考察に勤しんでいる。

人間には本来寿命があり、御主人とて然りである。そして吾輩は自分の余生が近未来であることまでしか分かっていない。だが不可思議なことに、御主人がまだ暫し信託歴史の話を調べ語る可能性は続くので、恩返しのためにも御主人よりは一時でも遅く寿命を迎えたいと強く願う心が生まれてきた。そして、長生不老の霊薬を求めて東の海に漕ぎ出した徐福伝説まではいかないが、予定の寿命ではなく吾輩自身の寿命であれかしとの人間的思いだけでなく、その間に予定のメカニズム解消の手立てがみつかるかもしれないという人間的願望の持ち方さえも生まれたような気がする。

余生と恩返しを述べたばかりだが、自分でありたいとの気持ちが出てきたことも述べた。時と空間の自由な往来は実現したが、大きさの自由については拡大方向の視野は宇宙の旅で実現したが、縮小方向即ちミクロ、ナノの視野自由はいまだしである。そこへコロナウイルスのパンデミックに遭遇、博物館は閉館になったが、人間社会をパニックに陥れているこの生物にも近寄って何か知見を得られないか、という思いも募って来た。しかも願望とはとめどもなく、御主人と別れの時は、「鶴の恩返し」ならぬ姿を変えて直接言葉を交わしたい、といったことまで想像する。人間のあるべき心の在り様を突き付けられて戸惑い始めた今日この頃でもある。

そんな迷いを吐露しつつ、今回はこの辺でお別れするが、また、御主人の登場の折に再会できることを期したい。

著者プロフィール

永田 俊一（ながた しゅんいち）

昭和19（1944）年　新潟県佐渡生まれ
昭和42（1967）年　東京大学卒業後、大蔵省入省
平成 8（1996）年　日本銀行政策委員会大蔵省代表委員
平成 9（1997）年　社団法人信託協会専務理事
平成10（1998）年　日本銀行理事
平成15（2003）年　信託協会副会長・専務理事
平成16（2004）年　預金保険機構理事長
平成24（2012）年　楽天銀行社長
平成30（2018）年　三菱UFJ信託銀行　信託博物館　館長

既刊書に『信託のすすめ　なぜ今、そしてこれから信託なのか』（2004年、文藝春秋企画出版部）『信託改革　金融ビジネスはこう変わる』（2005年、日本経済新聞社刊）、また筆名　永畑俊三で『透明な墓標　信託の精神を理解するために』（2009年、文芸社刊）『新版 信託のすすめ』（2011年）『遺志ありて　信託の本懐』（2012年、文芸社刊）『溟北先生時代日記』（2017年、文芸社刊）などがある。

世界の信託昔話 —キケロ・モア・空海—

2020年8月15日　初版第1刷発行

著　者　永田 俊一
発行者　瓜谷 綱延
発行所　株式会社文芸社
〒160-0022　東京都新宿区新宿1－10－1
電話 03-5369-3060（代表）
03-5369-2299（販売）

印刷所　株式会社フクイン

ISBN978-4-286-21893-9